Coordenação editorial
Tatiana Serra

Autismo
Um olhar a 360°

vol. II

© LITERARE BOOKS INTERNATIONAL LTDA, 2023.
Todos os direitos desta edição são reservados à Literare Books International Ltda.

PRESIDENTE
Mauricio Sita

VICE-PRESIDENTE
Alessandra Ksenhuck

DIRETORA EXECUTIVA
Julyana Rosa

DIRETORA COMERCIAL
Claudia Pires

DIRETORA DE PROJETOS
Gleide Santos

EDITOR
Enrico Giglio de Oliveira

EDITOR JÚNIOR
Luis Gustavo da Silva Barboza

ASSISTENTE EDITORIAL
Felipe de Camargo Benedito

REVISORES
Débora Zacharias e Leo Andrade

CAPA E DESIGN EDITORIAL
Lucas Yamauchi

IMPRESSÃO
Gráfica Paym

Dados Internacionais de Catalogação na Publicação (CIP)
(eDOC BRASIL, Belo Horizonte/MG)

A939 Autismo: um olhar a 360º: vol. II / Coordenação Tatiana Serra. – São Paulo, SP: Literare Books International, 2023.
224 p. : il. ; 16 x 23 cm

Inclui bibliografia
ISBN 978-65-5922-631-3

1. Autismo. 2. Crianças autistas. I. Serra, Tatiana.
CDD 616.85882

Elaborado por Maurício Amormino Júnior – CRB6/2422

LITERARE BOOKS INTERNATIONAL LTDA.
Rua Alameda dos Guatás, 102
Vila da Saúde — São Paulo, SP. CEP 04053-040
+55 11 2659-0968 | www.literarebooks.com.br
contato@literarebooks.com.br

Os conteúdos aqui publicados são da inteira responsabilidade de seus autores. A Literare Books International não se responsabiliza por esses conteúdos nem por ações que advenham dos mesmos. As opiniões emitidas pelos autores são de sua total responsabilidade e não representam a opinião da Literare Books International, de seus gestores ou dos coordenadores editoriais da obra.

MISTO
Papel produzido a partir de fontes responsáveis
FSC® C133282

SUMÁRIO

PREFÁCIO

Tatiana Serra

Tatiana Serra

Contato
Instagram: @tatianaserraoficial

É psicóloga (CRP06/123778), analista do comportamento e neuropsicóloga - USP. Atua como CEO do Núcleo Direcional, do Instituto ABA360º e supervisora. Desenvolve estratégias de tratamentos a partir da Ciência ABA e acredita que o diferencial do seu trabalho é sua combinação de olhar e ações 360º.

Expandir conhecimento é ampliar consciência e, com isso, ter novas maneiras de ver e fazer tarefas corriqueiras ou novas. Isso eu chamo de transformação, fazer de maneiras diferentes o que está no nosso dia a dia, em busca de novos resultados sustentáveis.

Para qualquer transformação, é preciso, antes de tudo, saber identificar e descrever o que é importante para você, saber quais são os seus valores pessoais, e, a partir disso, ampliar seu olhar a 360º sobre si, sua família, sua profissão e as pessoas que estão a sua volta. Uma transformação efetiva e cuidadosa requer autoconhecimento, discussão consigo mesmo e com as pessoas que o cercam, que podem ou não compartilhar das mesmas ideias ou expectativas que você, mas que, acima de tudo, possam respeitar sua individualidade, seu jeito de fazer e pensar sobre cada coisa.

O *Autismo um olhar a 360º* volume 2 aprofunda alguns temas e elucida outros nas diferentes perspectivas dos autores aqui reunidos, com o objetivo de ampliar o seu olhar, o que nem sempre pode ser confortável, mas, de toda maneira, é uma experiência transformadora. O livro foi coordenado em um momento muito especial da minha vida, o nascimento do John, meu filho. Com ele, muitas transformações foram necessárias, muitos olhares foram ampliados e ainda serão.

E em meio a tantas transformações, a essência principal se mantém: cuidado, respeito, honestidade, ética, eficiência e inovação. Assim convido vocês a debruçarem-se na expansão do seu olhar a partir da leitura desta obra.

1

UM POUCO DE HISTÓRIA

Compartilho, neste capítulo, meus aprendizados nesses 15 anos de maternidade atípica. Uma vez ouvi, na palestra do Bernardinho, que uma medalha no pescoço não vale tanto quanto o senso de pertencimento. Notei que o sofrimento coletivo conecta as pessoas e fortalece seus vínculos. Meus momentos mais marcantes estão relacionados à superação. E assim acontece com as pessoas com TEA e suas mães.

FLÁVIA NAJAR GUSMÃO PACHECO

Flávia Najar Gusmão Pacheco

Contatos
flavia@institutocog.org
Instagram: @coglifearts
11 98121 8782

Após 20 anos atuando como executiva em grandes empresas, como Contax e Atento, Flávia Gusmão decidiu que precisava de um maior equilíbrio entre a sua jornada profissional e a pessoal, principalmente por ser mãe de duas crianças, sendo um garoto com diagnóstico de TEA. Em 2020, fundou a Cog Life LTDA. E, em 2021, o Instituto Cog Life Arts. Em 2022, organizou, em conjunto com a publicitária, artista plástica e professora de artes Grazi Gadia, o Seminário Internacional Tearteiro 2022 de Artes e Autismo. Desde 2021, é coordenadora voluntária das oficinas de artes do Núcleo Especializado em Autismo (TEAMM) – ligado à Unifesp – sob a coordenação da dra. Daniela Bordini. Em 2022, participou do *Sensory Friendly Program*, realizado em Miami por Grazi Gadia. Em 2020, realizou uma exposição de artistas com TEA na casa Expo Artes (Oscar Freire), com duração de 15 dias. Formada em Administração de Empresas, especializada em marketing de serviços e gestão executiva de negócios (USP e Insper).

Quero passar para vocês o que aprendi nesses 15 anos de maternidade atípica. Vou contar sobre quem sou, meus sonhos e minha família.

A busca por um sonho molda nossa vida. No meu caso, em 1999, recém-formada em Administração de Empresas, mudei da Bahia para São Paulo buscando mais oportunidade para meu crescimento profissional, que era o meu principal foco naquele momento.

Eu sempre gostei de ter as coisas sob o meu controle e, em boa medida, minha vida respondia muito bem a essa dinâmica de planejar, executar e colher.

Casei em 2004 com o João, e estamos juntos até hoje. Com perfil parecido com o meu, passamos a sonhar juntos as mesmas coisas. Em 2008, tivemos nosso primeiro filho, João Pedro, e, em 2011, nasceu a Maria Clara.

Para mim, ser mãe foi uma revolução completa. Por um lado, me trouxe uma explosão de amor e uma vontade absurda de cuidar daquele ser tão frágil e dependente. Por outro lado, me mostrou como somos vulneráveis e que não temos o controle de tudo.

Com diagnóstico de epilepsia, a infância de JP foi marcada por cuidados excessivos e também muito acolhimento de amigos e, principalmente, da família. A poucos meses de completar 5 anos, foi submetido a uma cirurgia para retirada de uma displasia cortical no cérebro. O procedimento foi um sucesso e aqueles dias marcaram a vida da nossa família para sempre.

Nos meses seguintes, João Pedro foi diagnosticado com TEA. Foi um período de muita incerteza, muitos questionamentos e emoções, mas, sobretudo, de muito amor e fé. E de buscar ser forte, muito além do que eu me julgava capaz.

O nascimento da Maria Clara, em 2011, me mostrou como era ser mãe de uma menina típica, com todos os seus sabores. Clarinha apresentou todas as marcas de desenvolvimento conforme indica a literatura. Graciosa, esperta, decidida, gulosa e segura de si. Chegou para expandir nosso amor, aumentar nossa fé e fortalecer a nossa família.

João Pedro fez 15 anos agora em 2023, ele é funcional e verbal, e evoluiu bem para suporte nível 1 (autismo leve). Tornou-se um adolescente que ama rock, está no oitavo ano de uma escola regular, é carinhoso, curioso, vaidoso e ama estar entre amigos.

A maternidade abre a nossa mente para outros aspectos e nos mostra a amplitude da vida. Por isso, depois de um tempo, vi que o sonho que eu tinha de me tornar uma executiva de sucesso já não me representava de forma realmente plena. Percebi que o meu desejo era estar mais presente na vida de meus filhos e impactar de uma forma mais positiva o mundo à minha volta.

Importante falar do diagnóstico de autismo

Quando João Pedro tinha 10 anos, decidimos que era hora de ele conhecer seu diagnóstico. Até então, ele não entendia bem por que tinha tanta terapia e acompanhamento médico.

A psicóloga que escolhemos para esse trabalho foi muito hábil. No início, foi muito direta com ele sobre sua condição, o que gerou um forte impacto em toda família. Ao longo da consulta, ela o fez entender que cabe a cada um enfrentar os seus desafios e construir o seu caminho.

Durante a consulta, João Pedro foi listando tudo o que tinha dificuldade de fazer e, por outro lado, várias coisas que ele fazia super bem. Foi demonstrado para toda a família que, com o tratamento adequado, ele poderia enfrentar suas fraquezas e medos e, também, realizar os seus sonhos.

Foi difícil para ele receber a notícia do seu diagnóstico, mas foi libertador entender a realidade. Claro que a mudança no comportamento não ocorreu de uma hora para outra, mas ter essa consciência trouxe bastante maturidade para todo o processo. O resultado desse trabalho foi sensacional.

O autismo não define a pessoa

Lembro que vi na parede de um consultório em Weston, na Flórida: “Autismo não me define. Eu defino o autismo”.

Na primeira vez, não entendi bem o que isso queria dizer. Essa frase ficou guardada na minha memória como quem guarda uma indagação e procura sua resposta. É necessário viver o processo para ter mais clareza sobre essa afirmação, o que só ocorreu depois de alguns anos.

Se antes eu pensava no meu filho somente como alguém com autismo, depois eu aprendi a valorizar e a respeitar suas escolhas e suas diferenças. O autismo continua presente, mas antes de pensar nessa condição, o vemos com todas as suas características, qualidades, medos, anseios e sonhos.

É fundamental focar nas habilidades

Com o tempo, aprendi a valorizar mais o que está funcionando bem. Não falo do reforço positivo que aprendemos com os terapeutas. Falo de focar mesmo o que funciona. Tudo o que focamos se expande.

Por exemplo, durante a pandemia ficou claro que o conteúdo tradicional acadêmico on-line definitivamente não funcionaria para o João Pedro. Ele gostava mesmo era de desenhar, cantar, imitar os astros do rock e dançar.

Então, um belo dia, peguei uma folha de papel em branco e desenhei dois círculos ligados ao meio, criando uma intersecção entre os dois. De um lado, escrevi tudo que eu sabia fazer bem. Do outro, tudo de que ele gostava e fazia bem. Então busquei preencher o que havia em comum entre nós.

O resultado mostrava que o nosso ponto forte era a administração (do meu lado) e das artes, atreladas ao hiperfoco (do lado dele). Ali surgiu a ideia da Cog Life Arts. Onde eu passei a valorizar "o que funcionava" nele e em mim.

A Cog Life Arts é um projeto inclusivo no qual todas as estampas dos produtos são criadas a partir de artes elaboradas por pessoas com autismo. As primeiras camisetas foram feitas com desenhos do Queen criados pelo João Pedro.

Ter camisetas com o desenho dele fez seus olhos brilharem! A família e amigos começaram a usar e a postar nas redes sociais. Ele melhorou sua autoestima, apropriou-se do seu estilo e nos surpreendeu.

A partir daí, tudo melhorou. A interação social, a comunicação, o aprendizado na escola, a relação com os amigos etc. Aquele menino que rejeitava ajuda passou a pedir ajuda.

O autismo continuava lá, presente, mas ele encontrou seu lugar no mundo e entendeu que poderia ter a sua própria identidade.

Hoje tenho certeza absoluta de que, com qualquer pessoa, em qualquer condição, devemos sempre presumir que todos têm o seu potencial e esse deve ser o foco.

Precisamos nos conectar com os sonhos de nossos filhos

No início da minha jornada, a motivação para tratar meu filho era quase uma questão de sobrevivência. Tinha um medo terrível de deixar de fazer algo que fosse indicado. O que me impulsionava era a necessidade de fazer tudo que estava ao meu alcance.

Depois de alguns anos, o que me motivava a seguir no tratamento dele era o fato de eu ter me apaixonado pelo seu sonho.

Quando João chegou aos seus 12 anos, eu já sabia de tudo que precisa ser feito, mas não tinha mais a mesma energia e disposição. Ele era resistente e opositor. Passei por aquele momento, no qual me sentia sem forças e impotente.

Às vezes, uma agenda cheia de compromissos e metas para atingir pode tirar nossa atenção de quem nosso filho é em essência. Quando reconheci que o ponto forte do João Pedro eram as artes, passei a enxergá-lo de uma outra forma.

Procurei entrar no mundo dele para conhecê-lo melhor. Vibrei com seus desenhos coloridos do Freddie Mercury. Admirei suas cantorias ao lado da piscina. E, o principal, consegui enxergar que ele tinha um sonho.

O sonho dele não era ser um garoto normal. Ele queria ser o seu máximo, fazendo o que ele mais gostava.

Muitas coisas que eu já havia visto com os olhos passei a ver de forma diferente, com meu coração. Claro que eu sempre o amei. Mas, para continuar com garra em busca do seu melhor desenvolvimento, precisei me apaixonar pelo que ele estava buscando.

E foi me conectando com o sonho dele que encontrei a energia para seguir em frente, suplementando o tratamento dele com a arte, trabalhando através do seu hiperfoco e expandindo tudo que ele fazia de melhor.

Utilizando o hiperfoco como estratégia de superação

Trabalhar adequadamente o hiperfoco da criança pode ser transformador. João Pedro estava vidrado no Freddie Mercury. E assim ele se apaixonou também pela música. Quis aprender a cantar e a tocar um instrumento. Aprendeu a comprar LPs, fez *lives* sobre o tema, estudou sobre outros astros do rock e venceu, até mesmo, o medo de se apresentar em público.

Eu aprendi que de nada adiantam mil aulas teóricas de como aprender a nadar se um dia você não entrar na piscina. Tanto o nosso corpo como nossa mente reagem a estímulos buscando sempre a sobrevivência e o bem-estar.

No autismo, não é diferente. Tenho muitos exemplos, mas vou escolher um que mexeu demais com meu coração. O João tinha pânico de se colocar em evidência. Sabe aquelas apresentações de final de ano da escola, quando todos os alunos cantam uma música ou pegam o diploma de formatura? João nunca participou.

Em 2021, o convencemos a se apresentar no teatro de final de ano da escola. Ele poderia imitar o Michael Jackson, que era então um dos seus hiperfocos. Ele tinha feito muitas aulas de dança e sentíamos que estava preparado. Claro que estava nervoso, mas se sentia seguro. E mais do que isso, ele queria muito conquistar esse momento só dele.

A apresentação foi um sucesso. Eu não segurei as lágrimas, coração batendo rápido, quase saindo pela boca. Virei a "mãe do Michael Jackson" e ele virou "aquele menino que dança muito".

O fato de se apresentar em público, sozinho no palco, foi uma superação. Foi desconfortável, ele resistiu um pouco mas entendeu que o segredo era treinar muito e estar preparado. Ele queria muito mostrar aos amigos o que sabia fazer bem.

O processo de superação e crescimento precisa ter coerência e consistência. O caminho que escolhi foi atrelado ao hiperfoco dele. Acredito que essa seja uma alavanca muito potente, pois mexe com a emoção e faz voar mais alto.

Neste sentido, estou totalmente convencida de que a arte é uma ferramenta super poderosa para suplementar o tratamento do autismo. Ainda mais se for, de alguma forma, atrelada ao hiperfoco. Isso me empolgou tanto, que queria compartilhar essa visão com mais gente.

Em 2022, fiz uma parceria com a Grazi Gadia, artista plástica, esposa de um renomado neuropediatra (dr. Carlos Gadia) e realizamos o Tearteiro – um seminário internacional sobre como as artes podem promover o desenvolvimento de habilidades diversas em pessoas com TEA, colocando o artista como protagonista do evento.

Ouvimos relatos diversos de que, para todos os artistas com TEA, a arte é transformadora. Mais do que isso, a arte pode ser o lugar deles no mundo.

A melhor forma de enfrentar o autismo é aceitando-o

Eu achava que já tinha aceitado o TEA no meu filho, mas não. A verdadeira aceitação veio quando enxerguei nele os seus anseios e entendi, respeitei e apoiei quem ele queria ser, do jeito dele, não do meu.

O senso de pertencimento é muito poderoso

Uma vez, ouvi, na palestra do Bernardinho, que uma medalha no pescoço não vale tanto quanto o senso de pertencimento. Notei que o sofrimento coletivo conecta as pessoas e fortalece seus vínculos. Meus momentos mais marcantes estão relacionados à superação. E assim acontece com as pessoas com TEA e com suas mães.

Para mim, foi um divisor de águas me conectar com outras mães atípicas. Teve uma hora em que eu precisava falar com quem tivesse as mesmas dores e angústias que eu.

O Tearteiro, a Cog Life Arts e o meu trabalho de voluntária junto ao Projeto Ciclos ligado ao TEAMM, da Unifesp – liderado pela psiquiatra dra. Daniela Bordini –, também colaboraram para que eu encontrasse esse local de pertencimento. A conexão com outras mães que acreditam no potencial dos seus filhos e no poder transformador da arte é meu propósito de vida hoje.

Sucesso é relativo

Se eu não tivesse parado a minha carreira profissional, talvez estivesse em uma posição importante em alguma empresa. Mas não acho que eu estaria em paz. E será que eu poderia chamar isso de sucesso? Afinal, qual é o projeto mais importante da minha vida? Qual será o meu legado?

Depois de muita reflexão e ajuda de alguns gurus, cheguei à conclusão de que sucesso é ter a certeza de que estou fazendo o meu melhor.

Tem muitas pessoas que não podem abrir mão da sua carreira ou do seu emprego. E tudo bem. Se elas fazem o seu melhor com o que têm e como podem, isso para mim também passou a ser chamado de sucesso.

Precisamos formar um time para enfrentar a jornada

As grandes conquistas nunca são fáceis. Aceitei que a dificuldade e o imponderável estarão sempre presentes na vida de todos. Cabe a cada um superar os obstáculos que surgem com preparação, resiliência, trabalho duro e fé.

Eu decidi, junto com meu marido, que nossa família era o nosso time. Lembrando que o mais importante em qualquer time são as pessoas, e cada um tem seu papel. Se temos dois filhos, os sonhos dos dois precisam ser respeitados.

Acredito que os ensinamentos mais importantes que meus filhos vão receber são as mensagens dadas por mim e por meu marido, principalmente pelo nosso exemplo. E acredito que eles irão confiar em si próprios porque um dia nós confiamos neles. E acreditamos nos seus sonhos.

2

SAÚDE MENTAL DE PAIS ATÍPICOS E O EFEITO NO TRATAMENTO DOS FILHOS

Este capítulo é uma breve caracterização da saúde mental de pais atípicos e a interação dessas características no tratamento de seus filhos. Faço considerações de abordagem e suporte a essas famílias, que possam propiciar mais qualidade de vida e maior eficácia no tratamento de seus filhos.

REBECA COSTA E SILVA

Rebeca Costa e Silva

Contatos
rebecacosta@nucleodirecional.com.br
Instagram: @rebecacostaes
11 94967 7964

Autista e mãe de menino com TEA e TDAH. Graduada em Psicologia (USJT). Pós-graduada em Análise do Comportamento Aplicada aos Atrasos no Desenvolvimento (UFSCar). Mestranda em Análise do Comportamento Aplicada (Centro Paradigma). Tem experiência clínica em desenvolvimento atípico e transtornos psiquiátricos. Experiência em treinamento e desenvolvimento, e gestão de projetos em organizações. Supervisora clínica no Núcleo Direcional Intervenção e Formação Comportamental.

O transtorno do espectro autista (TEA) é um transtorno crônico, perdurando pela vida toda. Pode haver melhora nos sintomas e no funcionamento da pessoa afetada de acordo com tratamento e suporte familiar, social, comunitário e, atualmente, não há cura. Assim, também é crônico o impacto na vida da família da pessoa com TEA e isso requer atenção multidimensional. Os pais de pessoas com TEA comumente são os principais cuidadores e responsáveis pelo acesso de seus filhos ao tratamento e aos serviços de que necessitam. É mais provável que os pais de pessoas com TEA relatem sintomas de estresse e outros sintomas de psicopatologia quando comparados aos pais com filhos típicos ou com outros transtornos do neurodesenvolvimento.

As repercussões, na família, de pessoas com autismo são complexas, multifatoriais, dinâmicas (variam ao longo do tempo e conforme o desenvolvimento/idade) e longitudinais. Os impactos frequentemente relatados são: financeiro, de organização e rotina da vida familiar, de convivência social e na carreira profissional, dentre outros. Embora esses aspectos negativos tenham destaque, pode haver impactos positivos como a melhora na coesão familiar, aumento na resiliência, aumento nas estratégias de enfrentamento e resolução de problemas. Gradualmente, nos últimos cinco anos, tem-se observado a possível relação entre os impactos (positivos ou negativos) e a saúde mental e bem-estar dos pais de pessoas com TEA.

Alguns aspectos podem estar relacionados com esses impactos, por vezes considerados "moderadores", que permeiam a dimensão desses efeitos na rede de apoio familiar, em especial a família "nuclear", que são os pais, irmãos e outros cuidadores que têm convívio cotidiano. Esse apoio pode permitir o amparo entre os membros, a divisão nos cuidados com a pessoa com autismo, a divisão dos cuidados entre os outros membros da família (entre pais e outros irmãos, entre os cônjuges). A família estendida e a comunidade com outras famílias que tenham um membro com TEA também podem favorecer o suporte para enfrentamento e permitir o acesso às informações para tratamento.

É imprescindível haver o acesso aos serviços necessários, que englobam os de assistência social, médico/hospitalares, de educação e de terapias em saúde. O não acesso a esses serviços pode estar relacionado à falta ou ao pouco conhecimento sobre quais deles atendem às necessidades do seu filho, e isso pode ser agravado com a falta de acessibilidade. O grau do autismo, seja pelo seu perfil de funcionamento, que exige bastante suporte e monitoramento nas atividades diárias, seja por apresentar comportamentos-problema graves, é o que determina se haverá uma maior exigência para manejar seu filho, tornando mais provável um desgaste e consumo de recursos pessoais como tempo e disposição física e emocional dos pais. Devem existir as intervenções realizadas pelos pais (o responsável aplica diretamente o procedimento de ensino de habilidade a seu filho) e aquelas para treinamento dos pais (o responsável recebe orientações sobre habilidades próprias, habilidades do filho e sobre como funcionam os procedimentos, sem que precise aplicá-los diretamente a seu filho).

A equipe terapêutica precisa prestar bastante atenção à saúde mental dos pais de pessoas com TEA. O público de pais atípicos é bastante heterogêneo. Contempla pessoas com diferentes idades, perfis socioeconômicos, níveis de escolaridade e etnias; e, ainda, uma parcela pode apresentar o fenótipo ampliado do autismo, isso é: apresentar características que se aproximam de sinais/sintomas de TEA, mas não atingem o critério diagnóstico; podem também apresentar quadros de ansiedade ou depressão, por exemplo. Mapear o perfil dos pais é relevante ao verificar a saúde mental para formular e fornecer o suporte adequado às suas necessidades.

O suporte familiar e da comunidade tem efeito no bem-estar; todavia, ainda pode ser necessário o suporte profissional. Demandas recorrentes estão relacionadas às habilidades de tomada de decisão, resolução de problemas, estratégias de enfrentamento e resiliência. Alguns pais podem relatar culpa, sentimento de incompetência, desesperança e incerteza constante. Isso não necessariamente significa que esses pais não apresentem as habilidades mencionadas anteriormente, mas é necessário se mudar e se ressignificar a partir do diagnóstico e tratamento do seu filho.

O suporte em saúde mental deve conter abordagens com foco em: (a) alívio de sintomas imediatos – com uso de técnicas de relaxamento, treinamento em *mindfulness* e comunicação assertiva; (b) autoconhecimento, destacando-se a percepção de si e do filho; c) empoderamento e papel ativo em decisões (ter maior controle sobre sua vida). São recomendadas psicoterapia comportamental contextual e cognitivo-comportamental, psicoterapia familiar e gerenciamento de estresse por abordarem a complexidade das variáveis envolvidas. É fundamental que o profissional que atue no suporte em saúde mental dos pais tenha entendimento do TEA, pois isso favorece a aderência ao tratamento e viabiliza a aliança terapêutica e, assim, diminui-se o risco de os pais não se sentirem compreendidos e acolhidos.

A comunidade científica tem analisado e postulado que deve ser alterada a postura de apenas se esperar que efeitos indiretos na melhoria da saúde mental e qualidade de vida dos pais ocorram com o desdobramento das intervenções na pessoa com TEA. Já existem evidências comparando-se grupo de pais em que um Grupo A teve esses aspectos formalmente acompanhados e um Grupo B foi abordado apenas no que se referia diretamente à relação/intervenção dos pais com o filho. Foram observados benefícios em ambos os grupos; todavia, o Grupo A apresentou mais melhorias (por exemplo, melhoria na dinâmica familiar – incluindo cônjuge e irmãos) e o Grupo B apresentou alguns efeitos negativos (por exemplo, desistência do procedimento ou relato de exaustão; FACTOR *et al.*, 2019). Deve-se planejar e mensurar diretamente as demandas da família e dos pais e considerá-los inclusive como critério para medir eficácia no tratamento geral.

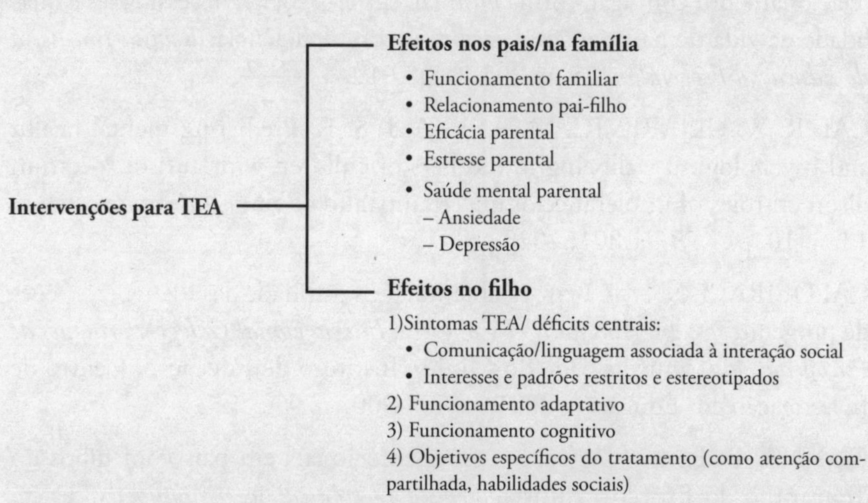

Figura 1 – Tradução livre e adaptação de "Parent and Family Impact of Autism Spectrum Disorders: A Review and Proposed Model for Intervention Evaluation" (Karst; Van Hecke, 2012).

Como vemos na figura 1, Karst e Van Hecke (2012) propõem uma atualização do modelo SFCES[1] (ver figura 1) para medir o efeito do tratamento, incluindo variáveis dos pais, medindo-as juntamente com as da pessoa com TEA e verificando os efeitos transacionais entre si.

Observar, estabelecer relações entre o pacote de intervenção família-pessoa com TEA deve ser o caminho principal do tratamento, não tratando as demandas familiares como um tema à margem, relegadas apenas a efeitos secundários. É necessário explicitar os objetivos com a família no plano de tratamento, inclusive aqueles que têm como alvo aspectos diretos dos pais e da família.

A mudança de atitude de pesquisadores, profissionais e organizações prestadoras de serviços é urgente e imprescindível para promover o bem-estar e a qualidade de vida tanto da pessoa com TEA como a de sua família.

Referências

AMERICAN PSYCHIATRIC ASSOCIATION – APA. *DSM-5 – Manual diagnóstico e estatístico de transtornos mentais.* Porto Alegre: Artmed, 2014.

AZEVEDO, T. L. de; CIA, F.; SPINAZOLA, C. de C. Correlação entre o relacionamento conjugal, rotina familiar, suporte social, necessidades e qualidade de vida de pais e mães de crianças com deficiência. *Revista Brasileira de Educação Especial,* v. 25, p. 205-218, 2019.

CAI, R. Y.; ULJAREVIĆ, M.; LEEKAM, S. R. Predicting mental health and psychological wellbeing in mothers of children with autism spectrum disorder: roles of intolerance of uncertainty and coping. *Autism Research*, v. 13, n. 10, p. 1.797-1.801, 2020.

CALDEIRA, S. N. *et al.* Bem-estar familiar e severidade das PEA: percepções de progenitores. *In: Atas do XVI Congresso Internacional Galego-Português de Psicopedagogia*. Universidade do Minho, Instituto de Educação, Centro de Investigação em Educação, 2021. p. 888-900.

CUNHA, B. F. *et al.* As repercussões emocionais em pais com filhos do Transtorno do Espectro Autista. *Revista Eletrônica Acervo Saúde*, v. 15, n. 11, p. e11.129-e11.129, 2022.

---

1 É um modelo em cinco dimensões: sintomas e diagnóstico, funcionamento, perspectiva de consumidor, ambientes e sistemas (HOAGWOOD et al., 1996).

DA PAZ, N. S.; WALLANDER, J. L. Interventions that target improvements in mental health for parents of children with autism spectrum disorders: A narrative review. *Clinical psychology review*, v. 51, p. 1-14, 2017.

FACTOR, R. S. *et al.* All in the family: A systematic review of the effect of caregiver-administered autism spectrum disorder interventions on family functioning and relationships. *Clinical child and family psychology review*, v. 22, p. 433-457, 2019.

FARO, K. C. A. *et al.* Autismo e mães com e sem estresse: análise da sobrecarga materna e do suporte familiar. *Psico*, v. 50, n. 2, p. e 30.080-30.080, 2019.

FERRAZ, F. I. A. D. L. *Análise dos efeitos de uma intervenção analítico-comportamental para casais sobre a conjugalidade, saúde mental, parentalidade e comportamento infantil.* Dissertação de Mestrado do Programa de Pós-graduação em Psicologia do Desenvolvimento e Aprendizagem. Universidade Estadual Paulista "Júlio de Mesquita Filho" – UNESP, 2018.

FONG, V. C.; GARDINER, E.; IAROCCI, G. Can a combination of mental health services and ADL therapies improve quality of life in families of children with autism spectrum disorder? *Quality of Life Research*, v. 29, p. 2.161-2.170, 2020.

GOEDEKE, S. *et al.* How perceived support relates to child autism symptoms and care-related stress in parents caring for a child with autism. *Research in Autism Spectrum Disorders*, v. 60, p. 36-47, 2019.

HOAGWOOD, K. *et al.* Outcomes of mental health care for children and adolescents: I. A comprehensive conceptual model. *Journal of the American Academy of Child & Adolescent Psychiatry*, v. 35, n. 8, p. 1.055-1.063, 1996.

KARST, J. S.; VAN HECKE, A. V. Parent and family impact of autism spectrum disorders: A review and proposed model for intervention evaluation. *Clinical child and family psychology review*, v. 15, n. 3, p. 247-277, 2012.

KUHLTHAU, K. *et al.* Quality of life for parents of children with autism spectrum disorders. *Research in Autism Spectrum Disorders*, v. 8, n. 10, p. 1.339-1.350, 2014.

LEE, G. K.; KRIZOVA, K.; SHIVERS, C. M. Needs, strain, coping, and mental health among caregivers of individuals with autism spectrum disorder: A moderated mediation analysis. *Autism*, v. 23, n. 8, p. 1.936-1.947, 2019.

LOPES, V. A. F. dos S. *O estresse de pais e cuidadores de crianças com transtorno do espectro do autismo: uma revisão da literatura nacional.* Monografia do Programa de Pós-graduação em Transtornos do Espectro do Autismo. Universidade Federal de Minas Gerais, 2020.

MACKENZIE, K. T.; EACK, S. M. Interventions to improve outcomes for parents of children with autism spectrum disorder: A meta-analysis. *Journal of Autism and Developmental Disorders*, v. 52, n. 7, p. 2.859-2.883, 2022.

MAZUREK, M. O. et al. Primary care providers' perceived barriers and needs for support in caring for children with autism. *The Journal of Pediatrics*, v. 221, p. 240-245. 2020.

OLIVEIRA, J. J. M. de; SCHMIDT, C.; PENDEZA, D. P. Intervenção implementada pelos pais e empoderamento parental no Transtorno do Espectro Autista. *Psicologia Escolar e Educacional*, v. 24, 2020.

PEREIRA, A. I. L.; FERNANDES, O. M.; RELVA, I. C. Sintomatologia psicopatológica e suporte social em pais de crianças portadoras de perturbação do espetro do autismo. *Análise psicológica*, v. 3, p. 327-340, 2018.

SHALEV, R. A.; LAVINE, C.; DI MARTINO, A. A systematic review of the role of parent characteristics in parent-mediated interventions for children with autism spectrum disorder. *Journal of Developmental and Physical Disabilities*, v. 32, p. 1-21, 2020.

WORLD HEALTH ORGANIZATION – WHO. *International Statistical Classification of Diseases and related health problems: Alphabetical index*. World Health Organization, 2019.

3

A RELAÇÃO TERAPÊUTICA EM ABA

Neste capítulo, a dra. Liliane Rocha descreve variáveis comportamentais que afetam a relação terapêutica em ABA e sua efetividade. Fala-se também sobre implicações para o treino e supervisão de analistas do comportamento em formação.

LILIANE M. DE AGUIAR-ROCHA

Liliane M. de Aguiar-Rocha

Contatos
www.thebehaviorweb.com
lili@thebehaviorweb.com
+1 646 493 1065

Analista de comportamento certificada (BCBA) e analista de comportamento qualificada (QBA), trabalha há mais de 15 anos com pessoas com transtorno de desenvolvimento, doenças mentais graves, pais e pessoas que procuram melhorar suas vidas. Ela é instrutora e facilitadora certificada do ACT Matrix e usa o ACT em seu trabalho, ajudando indivíduos e organizações a se moverem em direção às ações baseadas em valores e alinhadas com propósitos. É CEO da The Behavior Web, uma firma de consultoria e treinamento, com sede em Nova Iorque. É membro do corpo docente do programa de doutorado do Cummings Graduate Institute for Behavioral Health Studies, em Phoenix, AZ, e professora adjunta do programa ABA no St. Joseph's University, em Long Island, NY.

Quando reflito sobre o meu treino em análise do comportamento, eu me lembro das aulas em que os professores enfatizavam a necessidade de se controlar o máximo de variáveis possíveis no meio ambiente, de forma a podermos exercer o maior controle sobre o comportamento, e demonstrar uma relação entre a intervenção e o comportamento-alvo. Com o tempo, e a experiência clínica, entendi que a relação entre intervenção e resultado não é o fator mais importante num programa de mudança comportamental. O fator mais importante é a perspectiva daquele que recebe o serviço e, para melhor servir, é imprescindível que se olhe para a relação terapêutica. Neste capítulo, relação terapêutica é definida como as interações entre terapeuta e cliente (a pessoa que recebe os serviços) no contexto do programa de mudança comportamental.

O interesse na relação terapêutica e nas variáveis que afetam a sua eficácia não é novidade. Em 1992, Rosenfarb discutiu a relação terapêutica e seu papel como mediadora de mudanças clínicas. Em sua narrativa, ele explica que os comportamentos que levam o indivíduo a buscar terapia, comumente denominados mal-adaptativos, foram aprendidos e selecionados em respostas às relações instaladas no meio ambiente natural e, portanto, o terapeuta deve criar um contexto que propicie o desenvolvimento de comportamentos pró-sociais, criando uma nova história de reforçamento para comportamentos que possam ter sido punidos no passado. Ele propõe que a relação terapêutica oferece o contexto para a modelagem de classes de comportamento amplas, que levam ao enriquecimento do repertório do indivíduo.

Em um aprofundamento da análise de Rosenfarb (1992), Follette, Naugle e Callaghan (1996) propõem uma descrição de elementos funcionais da relação terapêutica. Eles definem o processo terapêutico como um processo de influência mútua, no qual o terapeuta pode agir como estímulo discriminativo para várias respostas e o comportamento do cliente vai, por sua vez, afetar as decisões do terapeuta de momento a momento. Eles destacam alguns processos como os principais no desenvolvimento de uma relação terapêutica eficaz: 1) reforço de contingência generalizada, 2) avançar para contingências de reforço específicas.

O processo de estabelecimento de uma contingência de reforço generalizada envolve a habilidade do terapeuta de criar um ambiente que é rico em reforço positivo para comportamentos associados à participação em terapia, por exemplo, ir para a terapia, permanecer durante a duração da sessão, manter-se engajado com as tarefas de terapia. Os autores recomendam que terapeutas reconheçam que a terapia por si só representa uma disrupção na rotina do paciente e, portanto, é preciso que comportamentos relacionados à participação na terapia sejam reforçados ou desenvolvidos. Quando falamos em terapia ABA usada com crianças com autismo, é preciso levar em consideração que a terapia pode representar uma disrupção na vida familiar e, portanto, os comportamentos associados à participação em terapia demonstrados pela família e cuidadores (exemplos: levar a criança para terapia, chegar no horário, permanecer até o final, trocar informações com os terapeutas, seguir instruções, tirar dúvidas etc.) precisam ser reforçados. Embora as relações de contingência entre comportamento-alvo e reforço sejam importantes, é preciso que o terapeuta tome cuidado para não criar uma relação em que o reforço social só aconteça quando o paciente se engaja num comportamento-alvo. De acordo com Follete *et al.* (1996), falhas no estabelecimento do reforço generalizado podem levar a uma baixa aderência ao tratamento e a um engajamento pobre.

Uma vez que o processo terapêutico é estabelecido como um contexto de reforço generalizado, o terapeuta deve avançar para contingências de reforço específicas, a fim de fomentar aproximações do comportamento-alvo. É importante criar situações durante a sessão de terapia que imitem situações do ambiente natural onde o cliente precise utilizar os comportamentos aprendidos em sessão. Assim, o terapeuta pode usar reforço diferencial para reforçar exemplos de comportamento pró-social. Isso pode começar com o reforço ao esforço de fazer diferente, e eventualmente progredir para reforço mais refinado das respostas-alvo.

É importante salientar que uma condição necessária para o estabelecimento do contexto terapêutico como reforçador, e para que o terapeuta consiga avançar para contingências específicas de reforço diferencial, é o estabelecimento do terapeuta como fonte de reforço social. A Teoria de Molduras Relacionais indica como o comportamento verbal do terapeuta e suas expressões faciais e tom de voz podem desenvolver um papel reforçador ou punitivo. Follette, Naugle e Callaghan (1996) acrescentam que a generalização de estímulo e novas relações derivadas possibilitem a mudança comportamental fora da sessão.

Embora existam artigos, como os citados anteriormente, sugerindo um interesse em entender como a relação terapêutica afeta os processos de mudança comportamental e como torná-la mais eficaz, o treino de analistas do comportamento concentra-se mais em questões teóricas e tecnológicas e pouca ênfase é dada à relação terapêutica (CHADWELL *et al.*, 2019). Existe evidência de que a qualidade e a efetividade do tratamento ABA pode ser afetada negativamente pela pobreza de repertórios comportamentais dos aplicadores, particularmente repertórios interpessoais (FOXX, 1985).

Analistas do comportamento têm a fama de serem duros, frios e distantes. Essa impressão é agravada quando o analista utiliza excesso de jargões em seu discurso, principalmente com pais ou profissionais de outras disciplinas. Para muitos pais, o primeiro contato com a análise do comportamento vem logo em seguida ao diagnóstico de TEA. Um analista que não tenha desenvolvido suas habilidades interpessoais pode não conseguir orientar aos pais de maneira eficaz, pode ter dificuldade em criar um vínculo para o desenvolvimento do tratamento e falhar na construção de um ambiente com uma contingência de reforço generalizada, ainda que seu conhecimento técnico seja razoável.

Artigos recentes têm enfatizado o desenvolvimento das habilidades *soft*, tais como criatividade, bom humor, habilidades de escuta, compaixão, simpatia, empatia e otimismo entre outras (CALLAHAN *et al.*, 2019; CHADWELL *et al.*, 2019; TAYLOR, LEBLANC e NOSIK, 2019). Em conjunto, os resultados demonstram que pais preferem analistas com altos *scores* em habilidades interpessoais, ainda que recebam uma qualidade técnica um pouco mais baixa.

Junto à lista de habilidades *soft* descritas acima, devemos acrescentar autopercepção e automonitoramento. No processo de terapia, o analista precisa manter a atenção nas mínimas mudanças ambientais para que possa analisar, enquanto conduz a sessão, o efeito dessas mudanças no comportamento do cliente. Mudanças em sua própria expressão facial, tom de voz, proximidade etc. podem servir de estímulos discriminativos (S^D ou S^Δ) para comportamentos do cliente, como também podem funcionar como operações motivadoras para várias classes de comportamento. Portanto, faz-se importante que o analista tenha consciência de sua presença e seus comportamentos em sessão, não para controlá-los de forma rígida, mas para melhor entender seu efeito e o efeito de comportamentos semelhantes, no ambiente natural, no comportamento do seu paciente. Quando o terapeuta consegue manter a atenção no momento presente e consegue observar suas próprias reações ao comportamento do seu cliente e seu efeito, é mais fácil identificar momentos em que ele possa falhar em manter o controle instrucional ou em ganhar o assentimento do seu cliente.

Uma vez que os programas de formação técnica, em sua maioria, não enfatizam o processo de desenvolvimento da relação terapêutica, a responsabilidade de buscar essa competência cabe aos analistas e aos supervisores de formação, que devem fomentá-la. Infelizmente, até hoje, no Brasil, a prática supervisionada não é formalizada como requisito na formação do analista do comportamento. O trabalho com um supervisor qualificado desenvolve o olhar do terapeuta sobre a dinâmica entre seus comportamentos e o sucesso do processo terapêutico. Se não presente na formação técnica, a formação clínica deve ensinar sobre assentimento, sobre trauma, sobre tratamento centrado na pessoa e sobre autopercepção e automonitoramento.

Dos profissionais que trabalham com pessoas com autismo, o analista do comportamento é aquele que passará mais tempo com o paciente, visto que, em média, a terapia ABA é aplicada por dez horas semanais. O analista do comportamento tem a responsabilidade de usar essas horas para o desenvolvimento da pessoa, não apenas das habilidades específicas, mas olhando para a pessoa como um todo, no seu contexto e no de seus desejos e necessidades de crescimento. O analista do comportamento é um cientista e olha para o comportamento de maneira objetiva; o analista também é humano, e deve aprender a olhar para o seu paciente como pessoa, não como uma equação a ser resolvida.

Kelly Wilson, em seu livro *Mindulness for Two* (WILSON, 2009), nos fala sobre o hábito que terapeutas têm de olhar para seus clientes como um problema a ser resolvido. Isso é ainda mais aguçado na prática de análise do comportamento, na qual enxergamos a psicologia como uma ciência objetiva e aprendemos a manipular o meio ambiente para obter resultados. A aplicação de princípios científicos à nossa prática terapêutica não exclui a humanidade do paciente e do terapeuta. Ainda que os nossos pacientes cheguem com déficits e excessos comportamentais, que são o alvo do nosso trabalho, eles não são esses déficits e excessos. Eles são muito mais.

Quando olhamos para nosso paciente como um problema a ser resolvido, tudo o que vemos é o problema, e perdemos o contato com a pessoa. Com os pacientes mais complexos, enfrentamos sentimentos de impotência por não conseguirmos resolver tudo. Com pacientes menos complexos, ficamos com a sensação de não fazer o suficiente. Ao aprender a olhar para o paciente como um todo, nos conectamos com o que o paciente precisa para desenvolver seu potencial, e podemos trabalhar de um ponto de vista a construir suportes. Encerro este capítulo com um convite: da próxima vez que você estiver com o seu paciente, tente apreciá-lo como quem aprecia uma paisagem, uma obra de arte, ou um bebê recém-nascido. Olhe-o com curiosidade. Observe-o com presença de espírito. Aprecie o que a pessoa em frente a você lhe oferece. Você pode se surpreender com o que descobrirá nessa prática.

Referências

CALLAHAN, K. *et al.* Behavioral artistry: Examining the relationship between the interpersonal skills and effective practice repertoires of applied behavior analysis practitioners. *Journal of Autism and Developmental Disorders*, v. 49, p. 3557-3570, 2019.

CHADWELL, M. R. *et al.* Process versus content in delivering ABA services: Does process matter when you have content that works? *Behavior Analysis: Research and Practice*, v. 19, n. 1, p. 14, 2019.

FOLLETTE, W. C.; NAUGLE, A. E.; CALLAGHAN, G. M. A radical behavioral understanding of the therapeutic relationship in effecting change. *Behavior Therapy*, v. 27, n. 4, p. 623-641, 1996.

FOXX, R. M. The Jack Tizzard Memorial Lecture Decreasing Behaviours: Clinical, Ethical, and Environmental Issues. *Australia and New Zealand Journal of Developmental Disabilities*, v. 11, n. 4, p. 189-199, 1985.

ROSENFARB, Irwin S. A behavior analytic interpretation of the therapeutic relationship. *The Psychological Record*, v. 42, p. 341-354, 1992.

TAYLOR, B. A.; LEBLANC, L. A.; NOSIK, M. R. Compassionate care in behavior analytic treatment: Can outcomes be enhanced by attending to relationships with caregivers? *Behavior Analysis in Practice*, v. 12, n. 3, p. 654-666, 2019.

WILSON, G. *Mindfulness for two: An acceptance and commitment therapy approach to mindfulness in psychotherapy*. Oakland, EUA: New Harbinger Publications, 2009.

[illegible]

Referências

[illegible] Bearing [illegible]

[illegible]

[illegible]

[illegible]

[illegible]

4

A APLICAÇÃO DE ANÁLISE DO COMPORTAMENTO NAS FUNÇÕES DE GESTÃO DE CLÍNICAS DE TEA

O crescimento da quantidade de clínicas de atendimento a clientes com TEA também é acompanhado pelo aumento da complexidade da gestão desse tipo de organização. O analista do comportamento deve direcionar seus conhecimentos para lidar com esse novo desafio.

GABRIEL G. CARELI

Gabriel G. Careli

Contatos
www.neulogic.com.br
gabriel.careli@neulogic.com.br
Instagram: @neulogicbr

Psicólogo formado pela Pontifícia Universidade Católica de São Paulo; mestre em Psicologia Experimental: Análise do Comportamento pela mesma instituição e mestre em *Culture, Organization and Management* pela VU Amsterdam, Holanda. Fundador da consultoria de gestão organizacional e plataforma educacional Neulogic. Coordenador e professor do núcleo de Gestão Comportamental das Organizações (OBM) no Paradigma - Centro de Ciências e Tecnologia do Comportamento.

Lia estava exausta! Todos os dias, sentia que trabalhava mais do que no dia anterior. Começava cedo, saía tarde e nunca conseguia terminar tudo. Pensava que seu trabalho ficava cada dia mais complicado. Não se sentia mais uma analista do comportamento habilidosa.

Lia trabalhou muitos anos para uma clínica de ABA renomada em sua cidade. Nessa clínica, ela aprendeu a maior parte de suas habilidades. Ela começou como terapeuta, trabalhando diretamente com as crianças. Fez mestrado e especialização e se tornou coordenadora. Estudou mais, conseguiu sua acreditação e se tornou supervisora técnica. Na supervisão, só lidava com relatórios, planos de saúde, documentos e planilhas. Já sentia muita saudade dos tempos em que se sentava no chão para aplicar programas a seus clientes.

Ela, então, decidiu abrir mão da sua função de supervisora e abriu seu próprio negócio. Estava certa de que conseguiria trabalhar melhor sozinha. A demanda pelos serviços de atendimento crescia exponencialmente desde quando ela começou sua carreira e ela não teria dificuldade para conseguir seus próprios clientes. Dito e feito: após um ano de trabalho, Lia já estava com a sua agenda cheia. Ela contratou uma equipe de terapeutas e, progressivamente, foi ampliando sua própria clínica. Alguns anos se passaram e Lia se viu novamente afogada em dificuldades administrativas, muitas delas semelhantes às que a motivaram a sair da sua primeira clínica. No entanto, agora havia um agravante, ela não podia sair. Não podia abandonar seu projeto, seu próprio negócio.

No meio do desespero e exaustão, Lia teve uma ideia. Será que ela poderia utilizar seu conhecimento mais avançado para gerir seu negócio? Seria possível aplicar Análise do Comportamento aos seus processos de gestão organizacional?

A história de Lia é fictícia, mas não é incomum. O aumento dos diagnósticos de casos de TEA tem oferecido muitas oportunidades de negócios para analistas do comportamento que trabalham com TEA. Muitos profissionais dessa área têm um repertório extremamente sofisticado para lidar com os problemas diretos de seus clientes. Quando essa função começa a ser expandida, principalmente para áreas de gestão, esse repertório começa a ser desafiado. Adaptar seus repertórios para lidar com as contingências dos trabalhadores das clínicas é uma tarefa complexa.

Ainda existem diretores de clínicas que não conhecem as metodologias de gestão de pessoas derivadas da análise do comportamento. Alguns que o conhecem ainda não conseguem aplicar diretamente esse conhecimento a seus negócios. Os problemas cotidianos são tão generalizados que não sobra tempo para planejar o futuro.

A Gestão Comportamental de Organizações (*Organizational Behavior Management*) é uma subárea da Análise do Comportamento que tem como foco o desenvolvimento de sistemas de contingências para o trabalho.

Essa área se originou na década de 1960, nos Estados Unidos (FRYLING; ALAVOSIUS; HOUMANFAR, 2021), e atualmente tem um grande volume de trabalhos na área de gestão de clínicas de saúde (*Human Services*). Recentemente, foi publicado um trabalho chamado *Organizational Behavior Management Approaches for Intellectual and Developmental Disabilities* (OBM-IDD) (GARDNER *et al.*, 2021), que define a gestão de organizações de atendimento de TEA como uma subárea de interesse específica dentro da Análise do Comportamento.

O trabalho dos analistas do comportamento em organizações "geralmente facilitam iniciativas de mudança, melhoram e desenvolvem processos e sistemas, fecham lacunas no desempenho dos funcionários, retêm e desenvolvem funcionários e apoiam o crescimento dos negócios. Os resultados organizacionais geralmente incluem redução de acidentes e lesões, melhor retenção de funcionários, maior satisfação e retenção de clientes, integração cultural após fusões e aquisições, padrões de qualidade aprimorados e aumento de receita e lucros" (BEHAVIOR ANALYSIS CERTIFICATION BOARD, 2019, p.1).

A implementação de um programa de gestão de pessoas baseado em Análise do Comportamento em clínicas é importante por duas razões fundamentais. Primeira, possui um histórico de evidências de sucesso em lidar com muitos problemas comuns em clínicas de TEA; segunda, denota uma coerência ética na utilização de tecnologias coesas em todos os níveis de trabalho. A mesma metodologia pode ser orientada para clientes e para os trabalhadores da clínica. A BACB (*Behavior Analysis Certification Board*) reconhece a importância da gestão de pessoas e a inclui como habilidade fundamental em sua certificação (BEHAVIOR ANALYSIS CERTIFICATION BOARD,

2017). A análise do comportamento em clínicas de TEA pode ser empregada em diferentes funções.

Função é o propósito de uma ação ou grupo de ações que produzem resultados. Uma clínica com uma estrutura organizacional definida deve ser composta por diferentes funções. Cada função tem um objetivo muito específico. Algumas dessas funções já foram plenamente mapeadas e são aplicadas em muitas clínicas:

- **Supervisor** – acolhe e estabelece contato com cliente, família, escola e outros profissionais da equipe multidisciplinar, avalia e desenvolve plano de intervenção.
- **Coordenador** – apoia o supervisor nas atividades de gestão dos casos, realiza parcialmente, indica e afere os parâmetros do atendimento.
- **Aplicador** – executa as atividades de intervenção.

Para mais detalhes sobre as funções dos agentes de ensino citadas, consulte os documentos "Critérios para acreditação específica de prestadores de serviços em Análise do Comportamento Aplicada (ABA) ao TEA/Desenvolvimento Atípico", publicado em 2020 pela ABPMC, e *Applied Behavior Analysis Treatment of Autism Spectrum Disorder: Practice guidelines for healthcare funders and managers,* 2. ed., publicado em 2014 pela BACB.

Duas funções adicionais são possíveis quando adicionamos o conhecimento desenvolvido pela área de gestão organizacional:

Diretor: define e controla os objetivos e atividades da gerais da organização. Responsabilidades:

- Definir a missão organizacional que orienta todos os esforços organizacionais.
- Definir os produtos e serviços organizacionais que favoreçam o alcance da missão.
- Definir objetivos em curto e longo prazo que demonstrem a realização da missão organizacional.
- Estabelecer sistemas de controles internos e externos para acompanhamento dos resultados organizacionais.
- Definir precisamente as características dos recursos necessários e clientes mais adequados para os serviços.
- Mapear concorrentes e possíveis ameaças à sobrevivência da organização.
- Buscar relacionamentos vantajosos com outras organizações e entidades.
- Identificar e favorecer mudanças sistemáticas na organização, a fim de garantir a vantagem competitiva da organização.

Analista de desempenho: estabelece e implementa as condições necessárias para a execução dos procedimentos de trabalho em todos os níveis.

Responsabilidades:

- Mapear tarefas e processos organizacionais derivados da missão.
- Alinhar recursos e resultados, facilitando a ocorrência de tarefas e processos.
- Desenvolver sistema de controle de desempenho para os agentes organizacionais.
- Entrelaçar tarefas e processos entre os agentes organizacionais.
- Garantir incentivos sistemáticos para as realizações dos agentes.

As seguintes recomendações poderiam ser feitas para o caso de Lia, apresentado no início do texto. O primeiro passo de Lia seria assumir a função de diretora e realizar o processo de planejamento estratégico, que se inicia com a identificação da missão organizacional:

- Qual é o objetivo da organização?
- Quais são os produtos e serviços que precisam ser oferecidos para alcançar esse objetivo?
- Quais são os processos necessários para que os produtos e serviços sejam efetivados?
- Quais são os indicadores necessários para acompanhar a eficiência desses processos?
- Quais são as metas e os prazos dos indicadores de eficiência?
- Quais estratégias serão implementadas para alcançar as metas dentro dos prazos estabelecidos?

O resultado do planejamento organizacional deve conter a definição precisa dos seguintes elementos:

- Missão organizacional.
- Produtos e serviços.
- Recursos necessários.
- Indicadores de desempenho sobre a execução dos serviços.
- Receptores dos produtos e serviços (clientes).
- Indicadores da satisfação das demandas dos clientes.
- Parcerias, competidores e agências de controle.

Depois do planejamento estratégico, Lia precisará assumir a função de analista de desempenho para implementar e gerenciar as tarefas decorrentes do plano.

- Quais são as tarefas que compõem os processos organizacionais?
- Quais são os indicadores de desempenho em cada processo e tarefa?
- Quais são os recursos necessários para a execução dos processos?

- Quais são os conhecimentos, habilidades e informações que os agentes precisam obter para realizar eficientemente suas tarefas?
- Quais são os incentivos que os diferentes agentes esperam por seu esforço?
- Quais são os incentivos que cada agente disponibiliza para os outros agentes na organização?
- Com qual magnitude e frequência os incentivos serão disponibilizados para os agentes?

O resultado desse processo é o sistema de Gestão de Desempenho. Esse sistema deverá ser composto pela definição precisa dos seguintes elementos:

- Processos e tarefas.
- Habilidades e treinamentos (BST).
- *Checklists* e sistemas de mensuração.
- *Feedback* de desempenho.
- Supervisão e mentoria profissional.
- Procedimentos de segurança e códigos de ética.
- Sistemas de incentivos e progressão de carreira.

Lia poderia desenvolver esse processo de intervenção independentemente, por meio da aquisição de repertórios de Gestão Comportamental de Organizações (*Organizational Behavior Management – OBM*). Cursos nessa área já estão disponíveis presencialmente ou on-line e os profissionais conseguem encontrar formação para desenvolver essas habilidades.

Uma segunda alternativa para Lia seria buscar a assistência de analistas do comportamento com especialidade em gestão organizacional. As possibilidades de assistência podem ser na forma de contratação interna ou de consultoria externa. A contratação do profissional poderia acelerar o processo de planejamento e implementação do sistema. O sistema de consultoria poderia preparar Lia e sua atual equipe de gestão para desenvolver estruturadamente este processo.

Independentemente da forma como seja implementado o sistema de gestão de desempenho na organização, é imprescindível que as clínicas de atendimento de pessoas com TEA iniciem a profissionalização de seus sistemas de trabalho. A aplicação do conhecimento da Análise do Comportamento nos processos de gestão é indispensável para favorecer a qualidade e sistematicidade dos serviços oferecidos aos clientes, a qualidade de vida dos prestadores do serviço, bem como a rentabilidade e sobrevivência do negócio.

Referências

ASSOCIAÇÃO BRASILEIRA DE PSICOLOGIA E MEDICINA COMPORTAMENTAL (ABPMC). Critérios para acreditação específica de prestadores de serviços em Análise do Comportamento Aplicada (ABA) ao TEA/Desenvolvimento Atípico da ABPMC. ABPMC. 2020. Disponível em: <https://abpmc.org.br/wp-content/uploads/2021/11/16070173662d2c85bd1c.pdf>. Acesso em: 14 jan. de 2023.

BEHAVIOR ANALYSIS CERTIFICATION BOARD. *BCBA Task List.* 5. ed. 2017. Disponível em: <https://www.bacb.com/wp-content/uploads/2020/08/BCBA-task-list-5th-ed-211019.pdf> Acesso em: 14 jan. de 2023

BEHAVIOR ANALYSIS CERTIFICATION BOARD. Organizational Behavior Management. *BACB.* 2019. Disponível em: < https://assets.bacb.com/wp-content/uploads/2020/05/Organizational-Behavior-Management--Fact-Sheet_190609.pdf> Acesso em: 14 jan. de 2023.

DANIELS, A. C. *Performance Management: Changing Behavior that Drives Organizational Effectiveness.* 5. ed. Performance Management Publications, 2014.

FRYLING, M.; ALAVOSIUS, M. P.; HOUMANFAR, R. (Eds.). *Applied Behavior Science in Organizations: Consilience of Historical and Emerging Trends in Organizational Behavior Management.* Routledge, 2021.

GARDNER, R. M.; BIRD, F. L.; MAGUIRE, H.; LUISELLI, J. K. (Eds.). *Organizational Behavior Management Approaches for Intellectual and Developmental Disabilities.* Routledge, 2021.

MALOTT, M. E. *Paradox of Organizational Change: Engineering Organizations with Behavioral Systems Analysis*. Context Press, 2003.

5

TREINAMENTO DE PAIS COM ÊNFASE EM HABILIDADES SOCIAIS

Habilidades sociais e treinamento de pais são pontos indispensáveis em qualquer intervenção com base em evidências para pessoas com TEA. Para se relacionar bem com as pessoas, é necessário desenvolver habilidades sociais. A participação dos pais nesse processo consiste em ajudar e ensinar seus filhos a desenvolverem os comportamentos pró-sociais, a valorizarem as interações e, ainda a manterem e generalizarem comportamentos aprendidos.

RENATA ROCHA

Renata Rocha

CRP 06/73290

Contatos

psicorrocha@gmail.com
Instagram: @renatarocha.psico
11 98804 6045

Psicóloga graduada pela Faculdades Integradas de Ciências Humanas, Saúde e Educação de Guarulhos, mestranda em Distúrbios do Desenvolvimento pela Universidade Presbiteriana Mackenzie. Possui especialização em Análise do Comportamento Aplicada pelo IEPSIS e Psicopedagogia e Alfabetização pela UNICID. Atuou como acompanhante terapêutico (AT) de crianças com transtorno do espectro autista em domicílio. Tem experiência com crianças com TEA, outras deficiências intelectuais, dificuldades e transtornos de aprendizagem. Realiza treinamentos de equipe, supervisão e orientação de pais.

Ao longo deste capítulo, será descrito o prejuízo relacionado às habilidades sociais e a participação dos pais como membros ativos no processo de ensino-aprendizado dos filhos, isso porque pesquisas demonstram que os serviços baseados na análise do comportamento para crianças com autismo que incluem o treinamento dos pais têm melhores resultados e efeitos positivos para todos os envolvidos.

Habilidades sociais e TEA

O comprometimento nas habilidades sociais de pessoas com TEA pode ser observado desde os primeiros 6 meses de vida, ficando mais evidente com o decorrer do tempo.

Aqui teremos como base as habilidades sociais, tais como descritas por Del Prette e Del Prette (2017), a quais se referem como um conceito descritivo de comportamentos sociais valorizados em determinada cultura e com alta probabilidade de resultados favoráveis para o indivíduo, seu grupo e comunidade.

Esses comportamentos são agrupados de acordo com os gestos, tom de voz, expressão facial e corporal e pela funcionalidade dentro de um contexto. Del Prette e Del Prette (2017) propõem dez classes gerais de habilidades sociais, consideradas relevantes para todas as etapas do desenvolvimento e para os papéis sociais assumidos ao longo desse processo:

1. Comunicação.
2. Civilidade.
3. Fazer e manter amizades.
4. Empatia.
5. Assertividade.
6. Expressar solidariedade.
7. Manejar conflitos e resolver problemas interpessoais.
8. Expressar afeto e intimidade.
9. Coordenar grupo.
10. Falar em público.

Treinamento de pais

A aquisição de habilidades sociais ocorre de forma contínua durante toda a vida e é composta por vários comportamentos aprendidos por processos formais ou informais e influenciados pela cultura, além das consequências imediatas do ambiente. Para que essa aprendizagem aconteça de forma adequada, é necessário o uso de estratégias de ensino baseadas em evidências, com orientação dos profissionais capacitados tanto para o ensino dessas habilidades direto com o indivíduo, quanto para ensinar aos pais.

O treinamento ou orientação parental auxiliam o aumento do repertório, redução de comportamentos inadequados, além de auxiliar a manutenção e generalização das respostas aprendidas entre os ambientes (INGERSOLL; GERGANS, 2007). Os pais que participaram de programas de treinamento relatam mais otimismo sobre sua capacidade de estimular o desenvolvimento de seus filhos (KOEGEL; SCHEREIBMAN, 1982).

A identificação de um pacote de treinamento, no qual os pais possam atuar, pode aumentar os ganhos da intervenção por meio da generalização e manutenção devido ao maior número de oportunidades encontradas no ambiente natural dos indivíduos. Esse processo facilitará a aquisição de novos comportamentos (MATSON; MAHAN; MATSON, 2009).

O treinamento de pais, a partir da óptica da Análise do Comportamento Aplicada (ABA), envolve variados procedimentos e estratégias, de acordo com Zazula e Haydu (2011):

1. **Modelagem de resposta:** utilizada para estabelecer, de maneira progressiva, comportamentos simples e unitários. Por exemplo, para ensinar a criança a pronunciar uma palavra ou a recortar com uma tesoura. Para isso, é utilizado o método das aproximações sucessivas, que consiste em reforçar comportamentos cada vez mais semelhantes ao ato final.
2. **Manuais escritos e impressos:** estratégia que envolve a descrição detalhada do que deverá ser realizado, de forma clara e objetiva.
3. ***Feedback* corretivo:** envolve a especificação do que não foi realizado corretamente. Ele também fornece instruções sobre como executar exatamente quaisquer aspectos da habilidade-alvo.
4. ***Behavioral Skills Training* (BST):** composto por quatro componentes: (1) instrução explícita sobre os conceitos de análise do comportamento e sobre os comportamentos a serem ensinados; (2) demonstração dos comportamentos; (3) prática dos comportamentos-alvo; (4) *feedback* do desempenho. As quatro etapas são normalmente implementadas até que o critério pré-definido de desempenho seja alcançado.

É necessário acrescentar que, para a intervenção acontecer de maneira eficaz e com a participação dos pais, deve-se analisar as contingências que permeiam a relação familiar, o vínculo existente; mapear o repertório do indivíduo com TEA em todos os contextos nos quais se relaciona e, a partir daí, definir quais as condições (técnicas/procedimentos/recursos) e quais objetivos (resultados esperados e desejáveis) serão ensinados.

A exemplo, selecionamos a classe de comportamento geral relacionada à empatia e cooperação. Uma maneira de trabalhar a empatia com as crianças seria partir da identificação do humor dos outros, compreendê-los e reagir adequadamente. Uma atividade simples para se fazer aqui é mostrar imagens de rostos expressando emoções diferentes e pedir que sejam nomeadas. Também pode ser feito o contrário, ou seja, dizer uma emoção para a criança e convidá-la a representá-la com seus próprios gestos.

Para aprender a cooperar, é necessário confrontar as crianças com jogos ou atividades que exijam trabalho em equipe. As gincanas de equipes podem ser uma opção, pois nelas, as crianças terão de juntar suas habilidades para resolver os testes e quebra-cabeças.

Além disso, podem ser usadas, ainda, as estratégias abaixo:

- Histórias sociais: histórias especialmente desenvolvidas para o ensino de alguma habilidade social específica.
- Modelação por vídeo: vídeos de pessoas realizando algum dos comportamentos-alvo da intervenção, com o objetivo de a criança imitar o comportamento em contexto semelhante.

Por fim, ressaltamos a importância do treinamento de pais na intervenção, pois isso favorece a adesão e a colaboração deles no tratamento. Além do mais, o vínculo e a confiança na equipe tendem a se fortalecer, gerando efeitos positivos à intervenção e avaliações positivas em termos de validade social para os familiares. O treinamento de pais é importante no contexto da intervenção comportamental baseada em ABA, e deve ser um componente essencial na prestação dos serviços.

Referências

AMERICAN PSYCHIATRIC ASSOCIATION (APA). *Manual diagnóstico e estatístico de transtornos mentais: DSM-5*. 5. ed. Porto Alegre: Artmed, 2014.

BOLSONI-SILVA, A. T.; FOGAÇA, F. F. S. *Promove-Pais – treinamento de habilidades sociais educativas: guia teórico e prático*. São Paulo: Editora Hogrefe, 2018.

DEL PRETTE A.; DEL PRETTE, Z. A. P. *Competência social e habilidades sociais: manual teórico-prático*. Petrópolis: Editora Vozes, 2017.

GOMES, C. G. S. *et al*. Intervenção comportamental precoce e intensiva com crianças com autismo por meio da capacitação de cuidadores. *Revista Brasileira de Educação Especial*, v. 23, p. 377-390, 2017.

INGERSOLL, B; GERGANS, S. The effect of a parent-implemented imitation intervention on spontaneous imitation skills in young children with autism. *Research in developmental disabilities*, v. 28, n. 2, p. 163-175, 2007.

KOEGEL, R. L.; BIMBELA, A.; SCHREIBMAN, L. Collateral effects of parent training on family interactions. *Journal of autism and developmental disorders*, v. 26, n. 3, p. 347-359, 1996.

PARSONS, M. B.; REID, D. H. Training residential supervisors to provide feedback for maintaining staff teaching skills with people who have severe disabilities. *Journal of applied behavior analysis*, v. 28, n. 3, p. 317-322, 1995.

ZAZULA, R.; HAYDU, V. B. Applied behavior analysis and training for parents: A review of articles published in the Journal of Applied Behavior Analysis. *Acta Comportamentalia*, v. 20, n. 1, p. 87-107, 2012.

6

MANUAL DE INSTRUÇÃO DE HABILIDADE PARENTAL PARA A ASSERTIVIDADE

O manejo parental afeta diretamente o desempenho de nossas crianças, mas qual é o modelo parental mais adequado para formarmos adultos assertivos no futuro? Neste capítulo, discorro sobre a evolução dos estilos parentais e sobre como as novas pesquisas apontam para o mais adequado deles, visando nossos próprios limites em busca de uma educação que equilibre regras e liberdade, de acordo com a subjetividade de cada ser único e maravilhoso, que são os nossos filhos.

NATÁLIA DE MARIA

Natália De Maria

Contatos
Instagram: @demaria.natalia
TikTok: Natysorrisos
Facebook: Psicoterapia com Natália De Maria

Analista de comportamento, bacharel em Psicologia e atuante na área dos transtornos do neurodesenvolvimento há mais de sete anos. Possui pós-graduação em ABA, Psicopedagogia e Neuropsicologia pela Child Behavior Institute (CBI) de Miami e outras especializações pelo Centro Paradigma. Possui uma página no Facebook intitulada: "Psicoterapia com Natália De Maria", na qual costuma compartilhar atividades para estimulação, atualizações na inclusão e conteúdos da área de psicologia.

"Filhos não vêm com manual de instrução". Esta é uma frase que sempre escutei no consultório e eu mesma já me peguei a utilizando quando estava diante dos desafios da maternidade. Além desses desafios, sempre carreguei comigo os resquícios do modelo autoritário dos meus pais, que sempre me fizeram questionar se aquela era, de fato, a melhor maneira de educar uma pessoa. Sei que, no fundo, eu sentia que eles estavam errados, pois, mesmo naquela época, já percebia que minhas respostas emocionais eram disfuncionais. Algumas destas respostas emocionais eram: sensação de impotência, desvalorização das minhas próprias ideias, baixa autoestima – entre outras respostas advindas do modelo autoritário parental. Como disse no início, não viemos com manuais de instrução e sei que meus pais fizeram por mim o que consideravam mais adequado, de acordo com suas próprias experiências de vida. No entanto, ainda me pergunto: "Será que existe um modelo parental que garanta uma criação que tornará nossas crianças, adultos assertivos?".

Essa pergunta me levou a uma busca, cuja resposta me impulsionou a discorrer sobre ela aqui, nestas linhas, com o intuito de compartilhar com você a minha descoberta sobre os modelos familiares, manejo parental e como isso afeta diretamente o desempenho de nossas crianças na fase adulta. É um anseio de quase todas as famílias: que seu filho seja independente, saudável, pleno em seu potencial. Mas como saber se a educação que estamos dando a ele terá bons resultados no futuro? Será que sou mesmo um bom pai ou uma boa mãe? Para conseguirmos obter essa resposta, precisamos nos debruçar sobre a História e viajar para outras estruturas familiares, até chegarmos ao resultado da questão.

Em cada parte do mundo, existiu uma cronologia própria, com diversos eventos que foram construindo uma linha do tempo, na qual podemos encontrar inúmeras culturas, religiões, convicções, colonizações que foram moldando sua própria realidade. Dessa forma, existem ao redor do mundo diferentes modelos familiares que se constituíram de acordo com seu próprio momento histórico, o que nos leva a perceber que não existem modelos de família certos ou errados: existem famílias que foram se constituindo de acordo com suas necessidades.

O ser humano é um ser social que requer total auxílio do outro desde o seu nascimento; somos o resultado das diversas interações que obtemos no decorrer de nossa vida. Dessa forma, a família é uma organização de pessoas que, juntas, nos fornecem uma base para termos nossas necessidades primárias atendidas e geram também apoio e proteção para seguirmos nossos desafios diários.

No Brasil, inicialmente, o modelo familiar era o dos indígenas, que possuíam suas cabanas e filhos, tendo como figuras centrais na estrutura comunitária o pajé e o cacique. Após a colonização portuguesa em nosso país, essa estrutura foi alterada para o modelo patriarcal, advindo do resultado cronológico da Europa, onde a família era chefiada pelo pai e a educação era autoritária, ou seja, a obediência era absoluta à figura masculina, sendo ela inquestionável. Com o passar dos anos, novas famílias foram se organizando, as revoluções europeias foram acontecendo e essa estrutura familiar foi se modificando – e ainda está em constante mudança. Resultado disso é que ainda temos em nossa atualidade fortes impactos da educação autoritária no núcleo familiar, na religião e dentro da estrutura da educação escolar.

Já existem numerosas pesquisas quanto à forma de educação em diferentes culturas, e um dos seus resultados é a mudança drástica que existe no comportamento humano, em um movimento de se ir extremamente no sentido contrário aos padrões impostos. Um desses movimentos originou o modelo parental permissivo. Nesse modelo, os pais apresentam comportamentos que visam suprir toda e qualquer necessidade dos filhos com poucas exigências e normas. Também não são feitas cobranças para obediência, gerando outros tipos de impacto na educação. Você agora pode estar se perguntando: "O que esses modelos parentais alteram na educação precoce do meu filho atípico?". Tentarei esclarecer isso nas próximas linhas.

As crianças exigem total dedicação nos primeiros anos de vida e, por conta dos estudos atuais sobre a neuroplasticidade, sabemos que existe uma "janela de oportunidades" nas estruturas do cérebro, o que nos possibilita potencializar a construção e/ou fortalecimento das conexões neurais. Sendo assim, temos que ter conhecimento dos impactos dos modelos parentais, pois isso será um facilitador – ou agravador – nesse processo de aprendizagem das nossas crianças.

A aprendizagem está ligada às nossas motivações, ao desejo de explorar objetos, de ir atrás de algo. Nosso desejo impulsiona respostas cerebrais que nos movimentam e nos fazem operar no ambiente; portanto, quando olhamos os modelos parentais, podemos estar falhando com esses cérebros, pois a educação assertiva pela qual tanto ansiamos pode estar sendo impactada por nossos próprios comportamentos. Por exemplo: nossas crianças atípicas possuem maior inflexibilidade e rigidez mental, o que as leva a se engajar em comportamentos repetitivos, como girar em seu próprio eixo, fazer estereotipias com as mãos, ficar por horas girando as rodinhas dos carrinhos, empilhar ou enfileirar objetos etc. Cada família vai agir diante desse cenário de acordo com seu modelo adotado: alguns pais podem se incomodar por não estarem seguindo o desenvolvimento esperado e exigir que seus filhos sejam diferentes, que não façam isso ou aquilo; outros podem permitir demais que as crianças fiquem o tempo que quiserem engajados nos mesmos movimentos.

Ser uma família assertiva é, de fato, determinante na intervenção precoce – e é por essa razão que devemos encontrar o equilíbrio entre o modelo *autoritário* e o modelo *permissivo*. Atualmente, o que é considerado mais adequado é o modelo *autoritativo*. Nesse modelo, as famílias impõem suas regras e limites, o que resulta ser de extrema importância, pois geram segurança, previsibilidade e diminuem quadros ansiosos enquanto promovem a aceitação do outro, bem como liberdade e flexibilização de regras conforme a subjetividade de seu filho. Dessa forma, criamos um modelo mais saudável e equilibrado de estilo parental.

Sabemos que a realidade das famílias atípicas é completamente diferente da realidade das típicas e que podem existir diversos momentos de cansaço e desgaste físico. Haverá momentos em que ser assertivo vai parecer simplesmente impossível (e isso é compreensível, até para eles). Nesses casos, precisamos ser assertivos conosco! A sociedade brasileira ainda não incentiva sermos sinceros com nossos sentimentos; porém, como afirmei anteriormente, precisamos entender nossa própria história. Hoje não somos totalmente habilidosos como adultos assertivos, pois raros foram os pais que foram habilidosos conosco na nossa infância. Não devemos nos cobrar tanto, pois, ao contrário da parentalidade que exercerão nossos filhos no futuro, nós estamos desconstruindo nossa educação inicial e construindo uma nova forma de agir, segundo os novos conhecimentos e a nova realidade em que vivemos.

Cada dia é uma nova oportunidade de nos conhecermos e, com isso, ressalto a importância de sermos acompanhados por um bom profissional da área da Psicologia, pois existem muitas questões pessoais que vão afetar como respondemos aos comportamentos dos nossos filhos. Segundo Skinner

(1957/1978), "os homens agem sobre o mundo, modificam-no e, por sua vez, são modificados pelas consequências de suas ações". Dessa forma, somos também o resultado de nossas experiências e de como nossos responsáveis responderam a elas em nossa infância. Ter esse entendimento nos auxilia a sermos "agentes transformadores" da vida do outro e das nossas próprias vidas, pois ter autoconhecimento é essencial para o autocontrole e, assim, facilitar a interação com as respostas do outro.

Voltando à parte em que mencionei que haverá dias em que não seremos totalmente pacientes, temos total liberdade – e é de extrema importância – de expor isso ao outro: dizer ao seu filho que naquele dia você não está bem, que você se percebe mais triste, intolerante e talvez não conseguirá seguir as intervenções propostas ou manter as rotinas estabelecidas. Este momento de sinceridade é um ato de respeito próprio que servirá de modelo para quando ele também estiver em um dia ruim, quando poderá confiar a você seus próprios sentimentos, sendo assim capaz de replicar a sua conduta.

A ideia de sermos assertivos não está relacionada a estarmos certos ou errados, está relacionada ao autoconhecimento e automonitoramento. Significa termos a habilidade de impor limites aos outros, conhecendo os próprios limites, pois em uma convivência sempre haverá divergência de opiniões – e é isso que faz o ser humano um ser único e extraordinário: essa capacidade de ser versátil, conseguir raciocinar antes de ter uma reação impulsiva, podendo se colocar no lugar do outro. Termos essa consciência e verbalizar tudo isso aos nossos filhos será um modelo de como ele precisa agir no futuro, sabendo impor e respeitar limites.

Talvez existam momentos que colocarão em xeque as habilidades do seu filho por conta de seus déficits e/ou de suas dificuldades, mas faz-se necessário lembrar que ninguém nasceu para cumprir a expectativa do outro. Não gostamos de ser comparados e, com certeza, nossos filhos não são diferentes. Nossa missão como cuidadores é incentivar e estimular o potencial desse seres únicos, uma incrível jornada na qual vamos, juntos, desvendando seus talentos e dificuldades para poder vê-los atingindo todo seu potencial, usando seus hiperfocos, seus maneirismos, sua capacidade de organização e regras, seus incômodos, aflições e outros tantos fatores incomuns a seu favor, de forma que possamos conviver todos em harmonia, conscientes de que as diferenças fazem parte do que é "ser humano".

Em conclusão, quando falamos que os nossos filhos "não vêm com manual de instrução" é a mais pura verdade, pois cada ser humano é único em suas particularidades (ontogênese, filogênese e cultura) e nunca teremos um manual pronto – mas temos a nosso favor o melhor modelo para conseguir nos nortear na educação de quem queremos tão bem, fazendo da família uma base sólida e segura para seu desenvolvimento, sem esquecer que nesta família cada integrante é um ser em constante aprendizado, conforme Catania (1998/1999): "a aprendizagem é qualquer mudança duradoura na maneira como os organismos respondem ao ambiente". Sejamos, então, esse ser em eterna mudança, sempre visando o nosso bem-estar e o do outro, com base no respeito e na cumplicidade.

Referências

CARVALHO, L. R. C. Se seu filho te tira do sério, isso pode ser sério! *Resiliência Mental*, 2017. Disponível em: <http://resilienciamental.com/2017/05/22/se-seu-filho-te-tira-do-serio-isso-pode-ser-serio/>. Acesso em: 29 maio de 2017.

CATANIA, C. A. *Aprendizagem: comportamento, linguagem e cognição*. Porto Alegre: ArtMed, 1999.

DEL PRETTE, A.; D. P. Z. A. P. *Psicologia das habilidades sociais na infância: teoria e prática*. Petrópolis: Vozes, 2005.

DIAS, D. *A violência intrafamiliar infantil e suas consequências*. 20 Novembro de 2013. Disponível em: <http://www.comportese.com/2013/11/a-violencia--intrafamiliar-infantil-e-suas-consequencias>. Acesso em: 29 maio de 2017.

GOMIDE, P. I. C. *Estilos parentais e comportamento anti-social*. Campinas: Alínea, 2003.

GOMIDE, P. I. C. *Inventário de estilos parentais*. 10. ed. Petrópolis: Vozes, 2004.

GOMIDE, P. I. C. *Pais presentes, pais ausentes: regras e limites*. 10. ed. Petrópolis: Vozes, 2004.

SKINNER, B. F. *Ciência e comportamento humano*. São Paulo: Martins Fontes, 1994.

TODOROV, J. C. *Evolução do conceito de operante*. 2002.

SOUZA, T. D. O desamparo aprendido – sentimento de impotência e incapacidade. *Psiconlinenews*, 2015. Disponível em: <http://www.psiconlinews.com/2015/07/o-desamparo-aprendido-sentimento-de-impotencia-e-incapacidade.html>. Acesso em: 29 maio de 2017.

7

CONHECENDO OS MARCOS DO DESENVOLVIMENTO

OS ESTÁGIOS DO BRINCAR – ENSINE BRINCANDO!

O objetivo do brincar é que a criança aprenda se divertindo e, para isso, você precisa conhecer as etapas do desenvolvimento e os interesses dela. O brincar proporciona aquisição de novas habilidades e um desenvolvimento alegre.

FERNANDA RIO

Fernanda Rio

Contatos
fernandaadrf@gmail.com
Instagram: @fernandariopsicologia
14 99799 1824

Psicóloga (UNIFIO), especialista em ABA (Dom Bosco), pós-graduanda em Desenvolvimento Infantil (CBI). Atuou com estimulação precoce de crianças com neurodesenvolvimento atípico e atendimento psicológico na APAE (Chavantes-SP). Atualmente, é sócia-fundadora da Clínica de Desenvolvimento Infantil Cativar, em Chavantes e Bernardino de Campos-SP, responsável pela gestão e coordenação da área de psicologia com intervenção em Análise do Comportamento Aplicada (ABA), atendendo famílias e crianças com neurodesenvolvimento atípico, principalmente, transtorno do espectro autista (TEA). Tem a prática clínica supervisionada tecnicamente e passa por mentoria de carreira com Amanda Cristina a fim de oferecer melhores condições a colaboradoras, familiares e pacientes.

Para entender o desenvolvimento infantil é preciso conhecer os marcos do desenvolvimento, que são as mudanças que ocorrem de acordo com a idade. A ausência desses marcos ou seu excesso são sinais de alerta para análise e identificação precoce de possíveis transtornos do neurodesenvolvimento.

O diagnóstico precoce é tão importante quanto a intervenção precoce e pode permitir que a criança consiga superar atrasos em seu desenvolvimento que, se não resolvidos, podem trazer grandes prejuízos no futuro.

No processo de intervenção precoce, um dos procedimentos utilizados é a avaliação. Através dela é possível ter uma visão global detalhada das habilidades a serem mantidas, adquiridas, diminuídas e generalizadas.

Em especial, neste capítulo abordaremos a habilidade de brincar como estratégia de mudanças comportamentais na intervenção precoce, ou seja, como o brincar é um forte aliado na aquisição de habilidades importantes no desenvolvimento da criança.

Antes de abordarmos o que é brincar e como essa habilidade é tão significativa para o desenvolvimento infantil, quero abordar dois aspectos importantes que envolvem o ensino de qualquer habilidade. Primeiro, a aprendizagem. A aprendizagem, ato ou efeito de aprender, é a mudança no comportamento por meio da experiência ou adaptação ao ambiente. O comportamento é tudo aquilo que as pessoas dizem e fazem; envolve ações e pode ser medido através da frequência, duração, intensidade e latência. Além de observados, os comportamentos podem ser descritos e registrados. Eles sofrem influência do ambiente, sendo assim, inferir eventos ambientais que produzam a ocorrência do comportamento nos permite antecipar eventos para modificar comportamentos.

Outro fator importante a se saber é que, entre os procedimentos de ensino baseados na ciência ABA, também existem as estratégias naturalísticas, conhecidas como treino incidental. Nessa proposta, a intervenção é realizada utilizando-se estímulos de interesse da criança, nos quais são criados momentos agradáveis e atividades de acordo com a motivação da criança.

Uma estratégia no uso desse tipo de ensino é a Operação Motivadora. Para a análise do comportamento, a operação motivadora são as variáveis ambientais que geram mudanças na emissão de respostas (LARAWAY *et al.*, 2003). Um exemplo: um dos objetivos da intervenção é que a criança realize mandos, ou seja, faça pedidos, dessa forma o terapeuta pode preparar o ambiente onde acontecerá a sessão com itens de interesse da criança, que podem aumentar as chances de ela fazer um pedido. A probabilidade de a criança emitir mando, ou seja, realizar um pedido por algo de seu interesse, é muito maior. Assim, também podem-se trabalhar outros objetivos na intervenção.

"O processo de ensino incidental se refere à interação entre o adulto ou o terapeuta e o indivíduo ou a criança. Essa interação se inicia de modo natural e não estruturado, normalmente em situações de brincadeiras ou de conversas" (DUARTE; SILVA; VELLOSO, 2018).

No ensino naturalístico, as habilidades ensinadas estão de acordo com as vivências e rotinas da criança. São trabalhadas, em geral, habilidades de vários âmbitos do desenvolvimento, incluindo habilidades de comunicação, sociais, brincar e cognitivas (SCHREIBMAN *et al.*, 2015).

Quando falamos de autismo, algumas crianças demonstram pouco ou nenhum interesse em brinquedos ou se interessam somente por parte de seus elementos. Elas podem, por exemplo, estar interessadas no girar da roda de um carro e não no carro em si.

O brincar de "faz de conta" também pode ser difícil para algumas crianças com TEA. E, em alguns casos, brincar sozinha pode ser uma preferência da criança, deixando de lado a interação com os pares ou mesmo com os pais.

Quando a criança brinca com outras pessoas, sejam elas da mesma idade ou mais velhas, aumentam-se as oportunidades para aprender novas habilidades. A brincadeira com pouca função e poucos objetos limita as chances de aprendizagem.

Brincar com outros indivíduos tem um papel importante para desenvolver habilidades sociais, por exemplo. Ajuda na comunicação, gera novas experiências, pode ensinar sobre organização, emoções, imitação, que é uma habilidade significativa para aprender novos comportamentos, entre tantos outros. Assim como o brincar com outras pessoas, o brincar sozinho também é importante para o desenvolvimento de diversos marcos.

Brincar envolve capacidades motoras, cognitivas, socioafetivas, sensoriais e de linguagem. Possibilita ao indivíduo treinar habilidades já dominadas, adquirir novas, alcançar outras maneiras criativas para utilizar itens e brinquedos. "O brincar é espontâneo e é iniciado e regulado pela criança, enquanto se envolve voluntariamente para o seu prazer intrínseco. Enquanto brinca, a criança comanda o decurso do brincar, decidindo o início, as interrupções e o fim das suas ações. A criança tem também o poder de suspender a realidade (fazer de conta) para expressar livremente as suas emoções, fantasia e imaginação" (SERRANO, 2018).

De acordo com Mildred Parten (1932), o brincar se divide em seis estágios:

1. **Brincar desocupado:** é a fase da descoberta do corpo, o bebê explora movimentos e objetos ao seu redor, sem função específica, aqui ele começa a participar de brincadeiras sem estrutura.
2. **Brincar solitário:** é o que chamamos de brincar independente; nessa fase, a criança brinca sozinha, se engaja em um comportamento de brincar de maneira que este seja automaticamente reforçado, ou seja, a ação é divertida por si própria, não depende de outros reforçadores para ser mantida.
3. **Brincar do espectador:** é o momento em que a criança observa o outro brincar. Nessa fase, a criança pode apenas querer observar e não participar da brincadeira.
4. **Brincar paralelo:** nessa fase, a criança brinca perto de outras crianças e também começa a compartilhar brinquedos. Mas esse ainda não é o período em que elas dividem seus interesses na brincadeira: apesar de poderem emprestar seus itens, preferem realizar suas brincadeiras sozinhas.
5. **Brincar associativo:** nesse estágio, acontece uma maior interação da criança com o outro. O interesse pelas pessoas é maior nessa fase. É um momento importante para aprenderem a trabalhar em grupo, desenvolvendo habilidades sociais.
6. **Brincar cooperativo:** por fim, o último estágio é a soma dos anteriores. Nele, as crianças têm preferência por brincarem juntas: é a fase da cooperação, quando se unem para alcançarem o objetivo na brincadeira. As brincadeiras passam a ser mais organizadas, com regras.

O brincar é oportunidade para aprender. Os terapeutas infantis devem ensinar as crianças a brincar e a apreender brincando. Elaboram-se objetivos específicos e individualizados de acordo com as necessidades identificadas na avaliação do repertório da criança.

Por exemplo, ensine a fazer pedidos brincando: deixe o item de interesse da criança no campo de visão dela, mas fora do seu alcance, e ensine-a a apontar o item desejado; você pode colocar, dentro de uma caixa transparente, objetos de interesse da criança e ensiná-la a apontar e abrir a caixa para obter os itens. Após o apontar pode-se ensinar a pedir vocalmente através de palavras curtas, como "dá", "pega", "abre", entre outras. Quando a criança já consegue vocalizar palavras, pode-se estimular o mando através de pedidos vocais, exemplo: ensinar a criança a pedir para ligar um boneco que dança, pedir para balançá-la em um balanço, entre outros.

Ensinar a nomear, por exemplo: a criança gosta de brincar com carros, através dessa proposta podemos ensinar o nome da cor do carro, nome dos itens no carro etc. Estimular habilidade de ouvinte através das preferências dela: a uma criança que gosta de música, por exemplo, podemos solicitar que realize a ação da música de que gosta, ou, se a criança gosta de brincar com massinhas, podemos pedir a ela que aponte qual cor de massinha ela quer, ou qual item para brincar com a massinha ela deseja.

Para uma criança que gosta de meios de transporte, podemos estimular o rastreio de estímulos em movimento com um avião, ou trabalhar a coordenação visomotora montando um prédio com peças de encaixe ou ainda, durante uma brincadeira de fazer sons, falar palavras ou frases e a criança repetir.

O brincar social proporciona o ensino de habilidades sociais, ou seja, podemos associar o interesse da criança à nossa presença, buscando a interação com ela. Brincar de fazer cócegas, por exemplo, é uma estratégia para desenvolver as habilidades sociais mencionadas em outros capítulos deste livro.

Brincar requer motivação, sem ela é difícil ocorrer aprendizado. Seguir a liderança da criança não significa que você irá fazer apenas do jeito dela, mas, durante esse momento, você poderá mostrar novos jeitos de manipular um objeto, dar função ao item, variar a maneira como ela brinca. Esse momento precisa ser carregado de afeto, paciência, carinho, empolgação, criatividade, poucas instruções e o mínimo de cobrança para a criança.

O brincar é um forte aliado no desenvolvimento da criança. Muitos estudos apontam o quanto podemos usar essa ferramenta como estratégia para aquisição de novas habilidades, desde as mais básicas até as mais complexas, promovendo mudanças comportamentais duradouras.

A intervenção para a criança no Transtorno do Espectro Autista através do brincar deve ser uma estratégia natural e prioritária para o seu desenvolvimento. Tanto profissionais quanto cuidadores devem planejar o ensino através de brincadeiras que promovam oportunidades de aprendizado, regadas pela motivação da criança.

Referências

BRITES, L. *Brincar é fundamental: como entender o neurodesenvolvimento e resgatar a importância do brincar durante a primeira infância.* São Paulo: Editora Gente, 2020.

DUARTE, C. P.; SILVA, C. L.; VELLOSO, R. L. *Estratégias da análise do comportamento aplicada para pessoas com transtorno do espectro do autismo.* São Paulo: Memnon Edições Científicas, 2018.

GAIATO, M. *SOS autismo: guia completo para entender o transtorno do espectro autista.* São Paulo: nVersos, 2018

LARAWAY, S. *et al.* Motivating operations and terms to describe them: Some further refinements. *Journal of applied behavior analysis,* v. 36, n. 3, p. 407-414, 2003.

MARTONE, M. C. C. *Tradução e adaptação do verbal behavior milestones assesment placement program (VB-MAPP) para língua portuguesa e efetividade do treino de habilidades comportamentais para qualificar profissionais.* Tese (Doutorado em Psicologia) – Universidade Federal de São Carlos, São Paulo, 2017.

PARTEN, M. B. Social participation among pre-school children. *The Journal of Abnormal and Social Psychology*, v. 27, n. 3, p. 243, 1932.

ROGERS, S. J.; DAWSON, G.; VISMARA, L. A. *Autismo: compreender e agir em família.* Lisboa: Lidel, 2012.

SCHREIBMAN, L. *et al.* Naturalistic developmental behavioral interventions: Empirically validated treatments for autism spectrum disorder. *Journal of autism and developmental disorders*, v. 45, p. 2411-2428, 2015.

SELLA, A. C.; RIBEIRO, D. M. *Análise do comportamento aplicada ao transtorno do espectro autista.* Curitiba: Appris, 2018.

SERRANO, P. *O desenvolvimento da autonomia dos 0 aos 3 anos.* Lisboa: Papa-Letras, 2018.

8

O PAPEL DO PEDIATRA GERAL NO PACIENTE COM TRANSTORNO DO ESPECTRO AUTISTA (TEA)

O pediatra geral é o primeiro profissional, na maioria das vezes, que vai ter contato com a criança com TEA, além de ser a pessoa que deverá centralizar todos os cuidados do paciente após o diagnóstico. Assim, é importante o conhecimento para que haja detecção e intervenção precoces no sentido de melhorar a qualidade de vida do paciente e de sua família.

PRISCILA BIANCALANA

Priscila Biancalana

Contatos
priscila.biancalana@gmail.com
Instagram: @priscila_pediatria

Médica formada pela Faculdade de Ciências Médicas da Santa Casa de São Paulo, residência em Pediatria pela mesma instituição e residência em Neonatologia pela Faculdade de Medicina da USP, onde permaneceu como assistente, por alguns anos, na formação de novos alunos. Atualmente, atua como pediatra e neonatologista no consultório e na recepção de novos bebês em centros de parto.

A prevalência de pacientes com TEA varia bastante de acordo com a metodologia utilizada e com a população estudada. Em última análise do CDC (*Centers for Disease Control and Prevention*), de 2018, uma em cada 44 crianças foram identificadas com TEA, número que vem crescendo ao longo dos anos, provavelmente pela maior abrangência de critérios diagnósticos. Meninos são mais acometidos do que as meninas em uma proporção de 4:1.

Apesar de ser uma condição que já se inicia nos primeiros anos de vida, cada criança apresenta uma manifestação distinta, e alguns sinais já podem ser percebidos nos primeiros meses de vida. No entanto, é entre 12 e 24 meses de idade que a maior parte dos sinais começa a ser mais perceptível, especialmente aos olhos dos pais. Esse é o intervalo em que a maioria das crianças começa a ter algum grau de socialização e a evidenciar alguns aspectos relacionados ao transtorno. Crianças mais reclusas podem demorar mais para evidenciar essas alterações.

Infelizmente, ainda nos deparamos com o diagnóstico muito tardio, média que pode variar entre 4 e 5 anos de idade, segundo alguns estudos norte-americanos. Outros países, assim como o Brasil, carecem de dados e estatísticas, porém a idade de diagnóstico de TEA não apresenta grandes variações. O mais assustador em relação aos artigos relacionados é o intervalo entre a preocupação dos cuidadores e o momento do diagnóstico, podendo chegar a uma média de 36 meses.

Em geral, os cuidadores, na maioria das vezes os próprios pais, são os primeiros a observar e reconhecer um comportamento diferente em seus filhos. Na sequência, notificam o pediatra sobre as suas preocupações em mais de 80% das vezes, já que esse é o profissional que acompanha e conhece o paciente mais de perto. Porém, estudos mostram que as mães são muitas vezes desencorajadas pelo profissional quando apresentam essas queixas, ou são alvo de comentários incoerentes em relação ao desenvolvimento e tempo de cada uma delas.

É extremante importante ficarmos todos atentos a alterações precoces de comportamento nas crianças para que possamos intervir o mais rapidamente possível, evitando tratamentos inadequados e perda de tempo. A intervenção precoce garante melhores ganhos cognitivos e funcionais ao longo da vida, especialmente em uma fase de maior plasticidade neuronal.

O pediatra na intervenção precoce: por onde começar

Visto que o diagnóstico de TEA tem sido feito tão tardiamente e que a intervenção precoce é fundamental para o desenvolvimento da criança, por que não começarmos com uma consulta bem detalhada e bem atenta às queixas dos pais? Escutar o que os cuidadores principais trazem a respeito da criança pode ser determinante para sua conduta e seu encaminhamento.

Sempre que houver qualquer suspeita de atraso em relação à criança ou alterações de comportamento, é importante que o pediatra ou o profissional que trabalha com crianças na primeira infância use instrumentos validados e adequados de triagem e não que simplesmente desencorajem os pais em suas queixas. Crianças no primeiro ano de vida podem apresentar sinais como: perder habilidades já adquiridas, atraso no sorriso social, pouco interesse na face humana, olhar não sustentado ou ausente, não se voltar para sons, ruídos e vozes, apresentar pouca ou nenhuma vocalização, entre outros. Cabe, portanto, ao pediatra inserir essa investigação nas consultas de rotina.

A Sociedade Brasileira de Pediatria recomenda o chamado *Modified Checklist for Autism in Toddlers* (M-CHAT). No Brasil, o M-CHAT foi traduzido e validado para o português em 2008 e é uma ferramenta simples e de fácil aplicabilidade. A Academia Norte-americana de Pediatria recomenda que todas as crianças entre 18 e 24 meses sejam triadas para o diagnóstico de TEA, o que pode ser feito pela aplicação do M-CHAT (Quadro 1).

Quadro 1 – M-CHAT

1	Se você apontar para qualquer coisa do outro lado do cômodo, sua criança olha para o que você está apontando? (Por exemplo, se você apontar para um brinquedo ou um animal, sua criança olha para o brinquedo ou animal?)	Sim	Não
2	Alguma vez você já se perguntou se sua criança pode ser surda?	Sim	Não

3	Sua criança brinca de faz de conta? (Por exemplo, finge que está bebendo em um copo vazio ou falando ao telefone, ou finge que dá comida a uma boneca ou a um bichinho de pelúcia?)	Sim	Não
4	Sua criança gosta de subir nas coisas? (Por exemplo, móveis, brinquedos de parque ou escadas)	Sim	Não
5	Sua criança faz movimentos incomuns com os dedos perto dos olhos? (Por exemplo, abanar os dedos perto dos olhos?)	Sim	Não
6	Sua criança aponta com o dedo para pedir algo ou para conseguir ajuda? (Por exemplo, aponta para um alimento ou brinquedo que está fora do seu alcance?)	Sim	Não
7	Sua criança aponta com o dedo para mostrar algo interessante? (Por exemplo, aponta para um avião no céu ou um caminhão grande na estrada?)	Sim	Não
8	Sua criança se interessa por outras crianças? (Por exemplo, sua criança observa outras crianças, sorri para elas ou se aproxima delas?)	Sim	Não
9	Sua criança lhe mostra coisas, trazendo-as ou as segurando para que você as veja – não para obter ajuda, mas apenas para compartilhar com você? (Por exemplo, mostra uma flor, um bicho de pelúcia ou um caminhão de brinquedo?)	Sim	Não
10	Sua criança responde quando você a chama pelo nome? (Por exemplo, olha, fala ou balbucia ou para o que está fazendo quando você a chama pelo nome?)	Sim	Não
11	Quando você sorri para a sua criança, ela sorri de volta para você?	Sim	Não
12	Sua criança fica incomodada com ruídos do dia a dia? (Por exemplo, sua criança grita ou chora com barulhos como o de aspirador ou de música alta?)	Sim	Não
13	Sua criança já anda?	Sim	Não
14	Sua criança olha você nos olhos quando você fala com ela, brinca com ela ou a veste?	Sim	Não

15	Sua criança tenta imitar aquilo que você faz? (Por exemplo, dá tchau, bate palmas ou faz sons engraçados quando você os faz?)	Sim	Não
16	Se você virar a sua cabeça para olhar para alguma coisa, sua criança olha em volta para ver o que é que você está olhando?	Sim	Não
17	Sua criança o/a busca para que você preste atenção nela? (Por exemplo, sua criança olha para você para receber um elogio ou lhe diz "olha" ou "olha pra mim"?)	Sim	Não
18	Sua criança compreende quando você lhe diz para fazer alguma coisa? (Por exemplo, se você não apontar, ela consegue compreender "ponha o livro na cadeira" ou "traga o cobertor"?)	Sim	Não
19	Quando alguma coisa nova acontece, sua criança olha para o seu rosto para ver a sua reação? (Por exemplo, se ela ouve um barulho estranho ou engraçado, ou vê um brinquedo novo, ela olha para o seu rosto?)	Sim	Não
20	Sua criança gosta de atividade com movimento? (Por exemplo, ser balançada ou pular nos seus joelhos?)	Sim	Não

Fonte: ROBINS; FEIN; BARTON, 2009.

Essa escala classifica as crianças em três níveis de risco: baixo, moderado e alto. Para crianças de baixo risco – portanto, com pontuações entre 0 e 2 –, existem poucas chances de o paciente desenvolver TEA, não havendo qualquer necessidade de intervenção. Exceto se pontuarem para qualquer um dos itens críticos (perguntas 2, 5 e 12), quando já serão classificadas como de risco. Para crianças menores de 2 anos, o teste deve ser repetido após essa idade. Pontuações entre 3 e 7: o paciente é classificado como de risco moderado e acima de 8, como de alto risco.

A Sociedade Brasileira de Pediatria (SBP) recomenda, em seu Manual de Orientação, *Transtorno do Espectro do Autismo* (ARAÚJO; SCHWARTZMAN, 2019), que seja realizado um fluxograma para os pacientes com alteração no desenvolvimento neuropsicomotor (DNPM) ou em M-CHAT-R (Figura 1). A avaliação de DNPM (ARAÚJO *et al.*, 2017) é um dos itens de maior importância na consulta de puericultura e está baseada em escalas que avaliam marcos de desenvolvimento infantil. Esses marcos de desenvolvimento são um conjunto de habilidades que a maioria das crianças atinge em uma determinada idade; alterações não significam necessariamente que haja alguma doença envolvida, mas devem sempre chamar a atenção do pediatra para que não se perca a janela de oportunidade para a intervenção precoce.

O diagnóstico muitas vezes demanda tempo e deve ser feito por equipe especializada, geralmente formada por psicólogos, psiquiatras e neurologistas. Na sequência, cabe ao pediatra o encaminhamento imediato para equipes multidisciplinares especializadas em pacientes com TEA. Essas equipes devem se compostas por: psicólogos, nutricionistas, fonoaudiólogos, assistentes sociais e terapeutas ocupacionais, entre outros, no intuito de estimular todas as capacidades da criança, cada uma em sua individualidade.

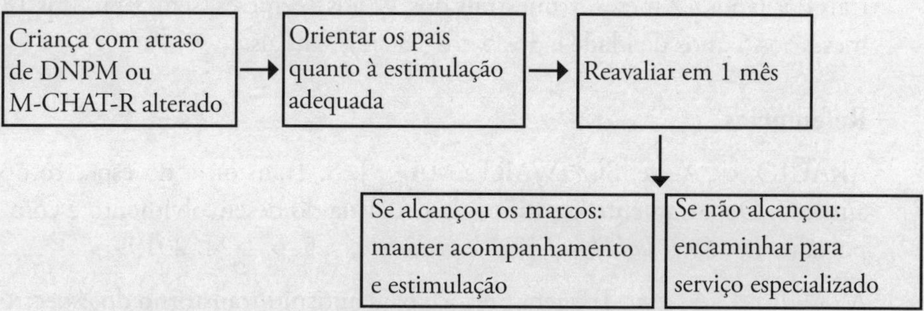

Figura 1 – Fluxograma de recomendação da SBP (ARAÚJO *et al.*, 2017)

O papel do pediatra após o diagnóstico

Após o diagnóstico, a família deve ser acolhida pelo seu pediatra e deve continuar o seguimento com o profissional. Em muitos casos, a sobrecarga de atividades e de especialidades envolvidas faz com que a consulta ao pediatra seja deixada em segundo plano. Porém, essa especialidade tem um papel importante na centralização e na articulação de todos esses profissionais envolvidos: é mais ou menos como juntar as peças de um quebra-cabeça, com o objetivo final de melhorar a qualidade de vida da criança e de seus cuidadores.

A família deve contar com uma rede de apoio em situações de doenças comuns na infância como, por exemplo, gripes, resfriados e gastroenterites, entre outras. Nesse momento, é importante um pediatra para orientar em relação ao melhor tratamento. Idas desmotivadas ao pronto-socorro geram estresse ao paciente com TEA, podendo contribuir negativamente para seu seguimento clínico. Alterações sensoriais e, especialmente, de paladar podem contribuir para uma alimentação muito restrita, prejudicando o crescimento e o desenvolvimento da criança, aumentando as chances de infecções recorrentes, levando o paciente a alterações como constipação crônica, dores abdominais e até a diarreias frequentes.

O manejo de medicamentoso não é exclusividade do pediatra, já que muitos pacientes também são acompanhados por outras especialidades médicas como neurologista ou psiquiatra. Porém, muitas medicações podem gerar efeitos colaterais como: aumento de peso e síndrome metabólica, entre outros, e necessitarão da visão pediátrica global na sua intervenção.

As consultas variam de acordo com a idade da criança e com as necessidades específicas para cada caso. Nas situações mais comuns, a Sociedade Brasileira de Pediatria recomenda consultas mensais para 0 a 6 meses de idade, bimestrais dos 6 aos 12 meses, trimestrais dos 12 aos 18 meses, semestrais dos 18 meses aos 5 anos de idade e dos 5 aos 18 anos, anuais.

Referências

ARAÚJO, C. A. de; SCHWARTZMAN, J. S. Transtorno do espectro do autismo. Departamento científico de pediatria do desenvolvimento e comportamento. *Sociedade brasileira de pediatria*, v. 5, p. 1-24, 2019.

ARAÚJO, L. A. *et al.* Triagem precoce para autismo/transtorno do espectro autista. *Documento Científico da Sociedade Brasileira de Pediatria*, 2017.

CENTERS FOR DISEASE CONTROL AND PREVENTION – CDC. Autism Spectrum Disorder. 2028. [On-line]. Disponível em: <https://www.cdc.gov/ncbddd/autism/index.html>. Acesso em: 14 jan. de 2023.

M-CHAT. *Scoring M-CHAT.* 2008. [On-line]. Disponível em: <https://mchatscreen.com>. Acesso em: 14 jan. de 2023.

RIBEIRO, S. H. *et al.* Barriers to early identification of autism in Brazil. *Brazilian Journal of Psychiatry*, v. 39, p. 352-354, 2017.

ROSEMBERG, S. *Neuropediatria.* 2. ed. São Paulo: Sarvier, 2010.

SERRA, T. *Autismo: um olhar a 360º.* São Paulo: Literare Books International, 2020.

ZWAIGENBAUM, L. *et al.* Early identification of autism spectrum disorder: Recommendations for practice and research. *Pediatrics*, v. 136, p. S10-S40, 2015.

9

COMPORTAMENTO ALIMENTAR

POSSIBILIDADES E DESAFIOS

Neste capítulo, você entenderá o comportamento alimentar para indivíduos autistas, o impacto na família e a intervenção integrada.

MICHELLE GOMES

Michelle Gomes

Contatos
psicologa.michellegomes@gmail.com
Instagram: @psicomichellegomes

Psicóloga graduada pela Universidade Anhembi Morumbi e pós-graduanda em Análise do Comportamento Aplicada ao Autismo e Neurodiversidades pelo IBAC. Atua com crianças dentro do Transtorno do Espectro Autista (TEA) e outros transtornos do desenvolvimento desde 2017, com experiência como AT (Acompanhamento Terapêutico em contexto domiciliar/clínico), aplicação em ABA, psicoterapia com os públicos infantil e adolescente e, atualmente, como coordenadora de casos, com ênfase em intervenção precoce.

O comportamento alimentar é um conjunto de ações relacionadas ao alimento que envolve desde sua escolha até a ingestão, bem como tudo que ele se relaciona a ele como o prazer da alimentação e até mesmo a interação social (VAZ; BENNEMANN, 2014).

É possível um indivíduo ter um comportamento alimentar não funcional, o que não significa a existência de um transtorno alimentar específico; é preciso analisá-lo observando os sinais comportamentais e orgânicos – como, por exemplo, refluxos constantes, intolerâncias, vômitos frequentes, quadros de disfagia – que requerem atenção imediata e são indicativos de investigações mais aprofundadas e tratamento especializado. Sinais comportamentais também devem ser analisados durante a alimentação, podendo se caracterizar como ansiedade excessiva, medo da comida (neofobia) e rigidez comportamental com padrões específicos.

No transtorno do espectro autista (TEA), encontram-se muitas alterações na alimentação, algumas das quais são indicativos de outros transtornos associados, tais como: PICA (alotriofagia), transtorno de ruminação, transtorno alimentar restritivo/evitativo (TARE), anorexia nervosa, bulimia nervosa e transtorno de compulsão alimentar (APA – DSM-5, 2014). Esses são quadros possíveis no autismo, mas não determinantes, o que deve ser investigado com afinco, pois pode ser um viés comportamental que, a depender da manipulação das variáveis, proporciona a obtenção de ganhos significativos, o que muda o quadro clínico.

Dinâmicas alimentares com déficits podem se caracterizar por recusa alimentar total, seletividade alimentar, alimentação realizada durante o sono, recusa de sólidos, mantimento de alimento na boca (*packing*), cuspe de comida, bebida e uso ou dependência de utensílios específicos para se alimentar.

Existem três principais comportamentos alimentares que preocupam os pais: apetite limitado, ingestão seletiva e medo de se alimentar (KERZNER, 2014). Esses comportamentos indicam a importância do acompanhamento especializado por profissionais que estejam preparados para dar apoio, olhando com singularidade as demandas não só do paciente, mas também da família, que muitas vezes carrega uma bagagem emocional sensibilizante.

O papel que a família exerce e o modelo que é dado é fundamental no processo alimentar, desde as primeiras ofertas de alimentos até seus comportamentos, quem está alimentando. Todos esses são agentes modificadores do comportamento. Muitos casos de alimentação pobre e defasada resultam em um grande sofrimento para a família que, em busca de alívio para a retirada de seu filho desse quadro, opta por práticas alimentares inadequadas, como forçar a criança a comer, por exemplo, e/ou fornecer somente o alimento que já é aceito, acarretando consequências negativas, de maneira geral.

É recomendado que esses cuidadores sejam orientados para que práticas e modelos positivos estejam presentes no dia a dia dessa criança, pois a forma mais adequada para replicar esses modelos é sua vivência diária na rotina da família. Quanto ao aspecto parental, também deve-se levar em conta o perfil do cuidador, que pode se caracterizar como:

1. **Autoritativo:** estabelece uma boa relação com os alimentos, maneja de forma saudável e com assentimento dessa criança, mas também impondo regras importantes a serem seguidas.
2. **Autoritário:** acabam por ser mais rígidos, coercitivos e punitivos no momento da alimentação, não levando em conta a vontade da criança.
3. **Indulgentes:** possuem dificuldades em estabelecer regras e impor limites, mostrando-se permissivos.
4. **Negligentes:** esse perfil está presente de forma prevalente em cuidadores que estão em sofrimento emocional, podendo a criança ser direcionada aos cuidados de terceiros em relação às suas necessidades básicas. Não levada em conta a importância do momento da alimentação para a criança.

Conhecer o perfil e a dinâmica familiar faz parte do processo terapêutico e se deve propor um plano de intervenção que atenda às necessidades da família e não só do cliente. A intervenção deve ser feita em equipe, com cada membro tendo sua contribuição única ao processo alimentar.

Considerando o formato de equipe transdisciplinar, os profissionais que devem compor a equipe são:

- Psicólogos, para escrever e acompanhar o que se refere às mudanças do padrão comportamental da pessoa e da família.
- Fonoaudiólogos, para intervir nas questões de motricidade orofacial e em todos os aspectos envolvidos nesse processo.

- Terapeutas ocupacionais, para direcionar aspectos que se relacionem com as alterações sensoriais e ocupacionais, desde o uso de utensílios até o participar/preparar o alimento.
- Fisioterapeutas, para avaliar as questões motoras no que tange à postura e sustentação da cabeça, dentre outras.
- Psiquiatras, que vão avaliar a duração, a intensidade e a frequência dos sintomas para, assim, realizar um diagnóstico diferencial e orientar a medicação, caso seja necessário.
- Pediatras, para ajudar no papel preventivo, já que a detecção precoce de algumas dificuldades, bem como a aplicação de ferramentas básicas de prevenção, pode ajudar as famílias a evitarem a evolução do quadro.
- Nutricionistas, para propor modificações do consumo, padrão e comportamento alimentares.

O primeiro passo para iniciar a intervenção é realizar a avaliação, que tem um papel imprescindível para estabelecer metas claras e guiar a tomada de decisões com base em dados e não na percepção individual de cada um. A avaliação pode ser de dois tipos: (1) formativa, realizada diariamente com os dados apresentados e afetando diretamente a mudança da intervenção; e (2) sumativa, levando em conta o quadro atual, informações dadas no ponto de partida da intervenção. Em qualquer uma das duas, é necessário coletar dados sobre os hábitos alimentares da família.

E existem dois grupos para a coleta de dados: (1) a avaliação indireta, em que os dados são coletados de materiais como fotos, vídeos, anotações, entrevistas; e (2) a avaliação direta, que depende de testes e observações diretas com o indivíduo, em que o objetivo é estabelecer uma linha de base em sessões planejadas, com exposição e previsão do comportamento (DUARTE; SILVA; VELLOSO, 2018).

A avaliação deve guiar um olhar 360º para as demandas do paciente, as expectativas e realidades dos familiares, considerando seus valores, estabelecendo metas alimentares que sejam possíveis de serem alcançadas.

Analisar a função da ocorrência do comportamento de recusa alimentar e o que o mantém é de extrema importância. Esses passos vão delinear as estratégias antecedentes para diminuição da recusa do alimento, aumento de comportamentos de aproximação e, posteriormente, de aceitação, reforçando respostas adequadas e de aceitação do alimento, extinguindo/diminuindo a frequência de comportamentos de recusa ou disruptivos.

Dentro disso, precisamos considerar respostas importantes até alcançarmos o comportamento final da criança ingerir o alimento, tais como: tolerar o alimento, considerando o olhar, o toque; segurar o alimento, cheirar, colocar na boca, mastigar, formar o bolo e, então, deglutir de fato.

Existem diversas estratégias efetivas para serem utilizadas no processo de intervenção, mas, para o sucesso delas, é necessário o sucesso na avaliação inicial que vai guiar a escolha e o arranjo dessas estratégias (PEREZ, 2018). Em seguida, podemos ver alguns exemplos de estratégias descritas na literatura:

- Reforçamento diferencial de respostas alternativas (DRA): apresentar à criança estímulos de preferência que possam funcionar como reforçadores dos comportamentos desejados. Os reforçadores são apresentados contingentemente às respostas alternativas (de aceitação ou de cooperação).
- Reforçamento não contingente (NCR): apresentação de estímulos reforçadores ao longo de todo período da refeição.
- Apresentação simultânea de alimentos preferidos e/ou não preferidos: apresentação de um alimento menos preferido ao mesmo tempo que um alimento de maior preferência.
- *Fading* de estímulos: apresentação sucessiva de alimentos, com o objetivo de produzir, gradativamente, a transformação na quantidade de um dos alimentos.
- *Fading in* da complexidade da demanda relacionada à ingestão de alimento: a demanda inicial é pequena e, desse modo, a probabilidade de a criança cumpri-la é maior.
- Apresentação sucessiva de alimentos não preferidos e alimentos de alta preferência: primeiro, apresenta-se o alimento de baixa preferência e, somente depois que a criança emitir o comportamento-alvo, é que ela poderá ter acesso ao reforçador.
- Modelação por pares: a criança é exposta a outros pares que estejam se alimentando dos mesmos alimentos e com os mesmos utensílios, a fim de ter o modelo mais semelhante possível.
- Sequência de instruções de alta probabilidade seguida da instrução de baixa probabilidade (*High-p Low-p*): consiste na apresentação de uma série de instruções, diante das quais respostas de cooperação são altamente prováveis (*High-p*). Em seguida a essa apresentação e realização do que fora solicitado, é apresentada uma outra instrução diante da qual a cooperação é improvável, ou seja, uma instrução de baixa probabilidade (*Low-p*).

De tudo o que foi discutido neste capítulo, destaca-se a importância da família e da equipe de profissionais no processo de intervenção, de saber o que e como será feito, com objetivos claros. Alguns comportamentos durante a intervenção levam a observar o sucesso dos procedimentos, tais como a participação da criança nas refeições completas, a criança comunicando suas necessidades alimentares, novos alimentos sendo introduzidos em sua dieta, a criança provando alimentos que nunca havia experimentado com maior facilidade, com habilidades motoras orais bem estabelecidas (PALMIERE, 2013).

O comportamento é selecionado pelas consequências; sendo assim, é de extrema importância criar contingências de ensino adequadas aos cuidadores, para que seja possível chegar ao comportamento alvo, que não é só sobre se alimentar, mas também, garantir que a família tenha ferramentas para conseguir manter o comportamento alimentar adquirido para além dos contextos clínicos e consequentemente amplie a qualidade de vida para todo o núcleo envolvido.

Referências

AMERICAN PSYCHIATRIC ASSOCIATION. *DSM-5 – Manual diagnóstico e estatístico de transtornos mentais.* Porto Alegre: Artmed, 2014.

BAER, D. M.; WOLF, M. M.; RISLEY, T. R. Some current dimensions of applied behavior analysis. *Journal of applied behavior analysis*, v. 1, n. 1, p. 91, 1968.

DUARTE, C. P.; SILVA, C. L.; VELLOSO, R. L. *Estratégias da análise do comportamento aplicada para pessoas com transtorno do espectro do autismo.* São Paulo: Memnon Edições Científicas, 2018.

KERZNER, B. *et al.* A practical approach to classifying and managing feeding difficulties. *Pediatrics*, v. 135, n. 2, p. 344-353, 2015.

TERESHKO, L.; WEISS, M. J.; OLIVE, M. L. Ethical considerations of behavioral feeding interventions. *Behavior Analysis in Practice*, v. 14, n. 4, p. 1157-1168, 2021.

VAZ, D. S. S.; BENNEMANN, R. M. Comportamento alimentar e hábito alimentar: uma revisão. *Uningá Review*, v. 20, n. 1, p. 108-112, 2014.

WEBER, L. N. D.; PRADO, P. M.; VIEZZER, A. P.; BRANDENBURG, O. J. (2004). Identificação de estilos parentais: o ponto de vista dos pais e dos filhos. *Psicologia: reflexão e crítica*, 17(3), p. 323-331.

10

PROBLEMAS ALIMENTARES NO TEA

DA INTRODUÇÃO À EDUCAÇÃO ALIMENTAR, DIALOGANDO COM A NUTRICIONISTA

Muitas famílias vivenciam a falta de sucesso na alimentação dos filhos neuroatípicos. Neste capítulo, os pais encontrarão as possíveis causas dos desafios alimentares, bem como estratégias e práticas de educação alimentar para aproximação dos alimentos de forma leve e respeitosa.

FERNANDA BACCHIN MARCONDES

Fernanda Bacchin Marcondes

Contatos
fernandabm.nutricao@gmail.com
Instagram: @fernandanutricaoinfantil
11 96588 3114

Mestre em Nutrição do Nascimento à Adolescência e Bacharel em Nutrição pelo Centro Universitário São Camilo. Atua, em consultório, com atendimentos individualizados para bebês, crianças e adolescentes, além de ministrar aulas, *workshops* educativos e oficinas culinárias voltados para esse público. A experiência em alimentação escolar, abordagens lúdicas e as práticas na cozinha permitem ampliar o olhar clínico por meio da terapia alimentar para crianças com dificuldades alimentares. Sua missão é ajudar famílias a terem uma relação, com a alimentação, leve, feliz e informada para seus filhos.

Os problemas alimentares não são exclusivos de crianças com diagnóstico de transtorno do espectro autista (TEA), no entanto, elas têm maiores chances de vivenciarem essas dificuldades quando comparadas às crianças neurotípicas. A alimentação e as refeições tornam-se especialmente desafiadoras para as famílias e cuidadores por conta dos padrões seletivos de alimentação.

Quase sempre, por trás de uma criança que não come, há uma frustração dos pais por se sentirem incapazes com a falta de sucesso ao alimentarem seus filhos. Quando a criança não come, não basta oferecer medicamentos que aumentem o apetite, suplemento de vitaminas, fazer simpatias, receitas ou acreditar em conselhos mirabolantes. É de extrema importância realizar um diagnóstico clínico por uma equipe multidisciplinar qualificada e um bom desenvolvimento dos ambientes familiar, escolar e de todos que convivem com a criança, para obter sucesso na alimentação.

A nutrição adequada é essencial durante toda vida, pois contribui para o desenvolvimento, crescimento, manutenção da saúde e da qualidade de vida. Com as crianças neuroatípicas não é diferente, elas precisam de uma oferta equilibrada de nutrientes que possibilite o desenvolvimento motor e cognitivo apropriado. Portanto, trabalhar as causas e os fatores relacionados aos desafios alimentares é importante para atenuar as comorbidades associadas a uma alimentação de baixa qualidade e inadequada nessa população a longo prazo.

Disfunções gastrointestinais são frequentes em crianças com TEA, podendo levar a uma condição de desequilíbrio e alteração da microbiota intestinal. O consumo em excesso de carboidratos simples (açúcares, biscoitos, doces e sobremesas), a ingestão insuficiente de fibras (frutas, vegetais e cereais integrais) e deficiências nutricionais podem afetar diretamente o equilíbrio da microbiota intestinal, tornando o consumo alimentar irregular um fator importante para o surgimento de sintomas relacionados ao trato gastrointestinal. Os esforços para melhorar a alimentação e o tratamento da recusa alimentar devem ser priorizados no acompanhamento nutricional por meio da inclusão de estratégias que abordem o comportamento da criança e de toda família, o contato e a disponibilidade de alimentos, além da aproximação de alimentos constantemente recusados.

Para compreender melhor o universo da criança que não come, é necessário entender a diferença entre dificuldades alimentares e seletividade alimentar, além das inúmeras causas que estão por trás desse tema.

No quadro a seguir, estão representadas as principais diferenças entre seletividade alimentar e dificuldade alimentar:

Seletividade alimentar	**Dificuldade alimentar**
Crianças sadias.	Crianças com comprometimento de peso e crescimento.
Redução na quantidade e na variedade de alimentos consumidos.	Recusa categoria de alimento (cor, sabor, textura) ou grupo alimentar inteiro.
Permite novos alimentos no prato.	Não permite a aproximação de novos alimentos (comportamento de fuga ou medo).
Seleciona os alimentos e os consome por tempo determinado.	Não aceita diferentes formas de apresentação dos alimentos.
Participa de refeições em família.	Refeição realizada em momentos diferentes da refeição em família.
Precisa de 10-25 exposições para aceitar novos alimentos.	Precisa de mais de 25 exposições para aceitar novos alimentos.

Fonte: Junqueira (2017).

O comportamento alimentar infantil é diretamente influenciado pelo contexto familiar, pela disponibilidade dos alimentos em casa, pelas experiências e aprendizados alimentares desde o início da vida.

O processo da recusa alimentar pode-se iniciar no aleitamento materno, com a utilização de técnicas inadequadas de amamentação. O posicionamento errado do bebê, a pega incorreta do mamilo ou problemas relacionados à fisiologia da sucção podem levar a um desmame precoce e consequências na saúde das crianças.

Por volta dos 6 meses de idade, a partir do início da alimentação complementar, há a oferta de alimentos em consistência homogênea, liquidificados e peneirados. Essa técnica pode resultar em difícil aceitação de alimentos posteriormente, quando houver evolução da textura de alimentos amassados e macios para alimentos mais sólidos e em pedaços.

Sabe-se também que, nessa fase de introdução alimentar, o alimento é naturalmente desconhecido pelo bebê e, por isso, há grandes chances de ser recusado na primeira oferta. É comum as famílias cometerem o erro e deixarem de oferecer o alimento novamente, achando que a criança não gostou e que não precisa ser exposta outras vezes. A não repetição da oferta para o bebê causará a possível recusa daquele alimento no futuro. Somente a oferta repetida pode garantir que a criança se sinta segura e tranquila para comer.

A falta de conhecimento de reflexos e acontecimentos normais para a idade, como a protusão de língua, jogar o alimento longe, explorar com as mãos antes de levá-lo à boca, se sujar e brincar com os alimentos também pode levar a família a mudar a forma com a qual alimenta o bebê e buscar por utensílios e técnicas inadequadas. O uso de colheres muito maiores do que a capacidade da boca do bebê ou de redinhas de alimentação, forçar o alimento, ofertar em consistências inadequadas e expor o bebê a experiências alimentares negativas podem criar pânico e medo daquele alimento, utensílio, forma de preparo e do modo de se alimentar.

Os problemas alimentares são as situações nas quais a criança apresenta menor aceitação alimentar, com possíveis consequências físicas, emocionais e familiares. Dependendo do grau da restrição alimentar, tempo de duração e diagnóstico, podem-se observar consequências no crescimento e desenvolvimento. É preciso avaliar as múltiplas causas, sejam elas orgânicas, comportamentais, nutricionais, emocionais, sociais, ambientais ou sensoriais. Os motivos mais comuns para a criança não comer são divididos em causas orgânicas e comportamentais, conforme abaixo:

- **Causas orgânicas:** infecções, parasitoses, transtornos metabólicos congênitos, transtornos do sistema nervoso central, esofagite, carência de vitaminas e minerais, desnutrição e outras doenças.
- **Causas comportamentais:** distúrbios familiares, distúrbios emocionais da criança, mudanças ou dificuldades em estabelecer rotinas, histórico de introdução alimentar inadequada, falta de conhecimento dos pais em relação ao desenvolvimento da criança, monotonia alimentar, sabor, aparência ou odor da comida desagradável, hábito alimentar da família, práticas parentais de pressão para comer.

Além das causas citadas acima, os problemas alimentares no TEA podem ter um agravante relacionado com a disfunção do processamento sensorial, especificamente da sensibilidade sensorial oral. Crianças com sensibilidade sensorial restringem sua alimentação com base em características sensoriais (odor, sabor, aroma, textura, cor) dos alimentos. É conhecido que a maioria dos autistas apresenta comportamento de resistência ao novo, dificultando a inserção de novas experiências com alimentos, prevalecendo a ingestão de preparações já conhecidas e, consequentemente, um repertório alimentar limitado.

A refeição é uma experiência multissensorial; portanto, pode-se levar em consideração que os componentes do processamento sensorial possam causar ou até mesmo agravar problemas comportamentais alimentares pré-existentes em crianças neuroatípicas. É de extrema importância que haja uma atenção qualificada na intervenção nutricional, levando em consideração as estratégias comportamentais, estímulos sensoriais e a educação alimentar no acompanhamento.

A educação alimentar nesse contexto é uma prática de aprendizagem que busca estimular a escolha de hábitos alimentares saudáveis, a aproximação com os alimentos e o interesse pelas atividades que envolvam alimentos.

É na infância que se inicia a construção desses hábitos, incluindo os alimentares. O convívio com os familiares, cuidadores e educadores proporciona interações sociais e alimentares que fazem parte do desenvolvimento da criança. Cozinhar, compartilhar refeições em família ou amigos, ir ao mercado e comer na escola são situações que dificilmente são plenamente vivenciadas pelas crianças neuroatípicas diante das dificuldades convividas na questão social, na comunicação e no padrão de comportamento. É muito importante ressaltar que as interações que essas crianças estabelecem com os alimentos podem ser distintas das tradicionais ações descritas em uma "receita de bolo" (misturar os alimentos, servir o próprio prato, fazer uma refeição em família, cozinhar). Permitir todas as formas de interação (esmagar, cheirar, lamber, passar o alimento no corpo e brincar) significa acolher as possibilidades de uma nova experiência e diferentes formas de explorar o alimento.

Mesmo com a necessidade de individualizar o atendimento, algumas orientações práticas no acompanhamento da criança com dificuldades alimentares são básicas para alcançarmos novas experiências, acarretando mudanças positivas nas interações com os alimentos.

Descrevo a seguir algumas sugestões para se começar a praticar com a sua criança que costuma recusar alimentos:

- **Atividades de experiência com os alimentos:** atividades que envolvam a proximidade com os alimentos, mas não necessariamente com o objetivo de comer. Ir ao mercado ou feira, higienizar salada, brincar com os alimentos, ajudar a família na cozinha.
- **Explorar os alimentos de forma lúdica antes do consumo:** incentivar a curiosidade, pedir para cheirar, tocar, lamber, sentir a temperatura e falar sobre as características dos alimentos (cor, textura da casca e aroma).
- **Evitar de falar** sobre o problema alimentar no momento das refeições ou caracterizar a criança como um indivíduo que não come ou que come mal.
- **Ampliar repertório alimentar** com a ajuda de alimentos já conhecidos. Por exemplo, se a criança consome com frequência arroz, adicionar, aos poucos e em pequenas quantidades, um novo legume em uma porção de arroz.
- **Refeição compartilhada:** realizar as refeições junto da família ou colegas de escola e permitir que a criança tenha vivências do hábito alimentar de casa ou escola.
- **Organização da rotina alimentar e evitar substituições** das refeições principais. Por exemplo, oferecer comida de almoço na hora do almoço (macarrão, frango e tomate) e não substituir essa refeição por outros lanches ou alimentos pelos quais a criança tenha preferência.
- **Brincadeiras lúdicas com alimentos:** pintura com tinta de especiarias, carimbo de legumes, massinha caseira com tinta de alimentos, escultura de frutas e atividades culinárias.

As dificuldades alimentares precisam ser contextualizadas na relação entre a criança, o ambiente e a comida. As práticas alimentares adotadas pelos pais reforçam a importância do ambiente em que a criança vive. Permitir acolher as diferenças e perceber as relações estabelecidas com os alimentos e os ambientes nos quais convive contrapõe descrições generalistas e são ponto de partida para a mudança dos padrões alimentares. Conhecer as principais alterações do comportamento alimentar é de extrema importância para garantir uma abordagem completa e adequada para cada criança.

Referências

CHISTOL, L. T. *et al.* Sensory sensitivity and food selectivity in children with autism spectrum disorder. *Journal of autism and developmental disorders*, v. 48, p. 583-591, 2018. Disponível em: <https://www.ncbi.nlm.nih.gov/pmc/articles/PMC6215327/>. Acesso em: 7 jan. de 2023.

FISBERG, M.; MAXIMINO, P. *A criança que come mal: atendimento multidisciplinar – a experiência do CENDA (Centro de Excelência em Nutrição e Dificuldades Alimentares) do Instituto PENSI*. Barueri: Manole, 2021.

JUNQUEIRA, P. *Por que meu filho não quer comer? Uma visão além da boca e do estômago*. Bauru: Idea Editora, 2017.

LEADER, G. *et al.* Feeding problems, gastrointestinal symptoms, challenging behavior and sensory issues in children and adolescents with autism spectrum disorder. *Journal of Autism and Developmental Disorders,* v. 50, p. 1401-1410, 2020. Disponível em: <https://link.springer.com/article/10.1007/s10803-019-04357-7>. Acesso em: 7 jan. de 2023.

MARCONDES, F. B.; MASQUIO, D. C. L.; CASTRO, A. G. P. de. Percepções e práticas parentais associadas ao consumo alimentar e estado nutricional em crianças pré-escolares. *O Mundo da Saúde*, v. 46, p. 023-031, 2022.

OLIVEIRA, B. M. F.; FRUTUOSO, M. F. P. Muito além dos nutrientes: experiências e conexões com crianças autistas a partir do cozinhar e comer juntos. *Cadernos de Saúde Pública*, v. 37, p. e00132020, 2021. Disponível em: <https://www.scielo.br/j/csp/a/54gYDFVCTvRBSmkrCSFK9NR/?lang=pt#>. Acesso em: 7 jan. de 2023.

PAULA, F. M. de *et al.* Transtorno do espectro do autismo: impacto no comportamento alimentar. *Brazilian Journal of Health Review,* v. 3, n. 3, p. 5009-5023, 2020. Disponível em: <https://www.brazilianjournals.com/index.php/BJHR/article/view/10562/8821>. Acesso em: 7 jan. de 2023.

11

A IMPORTÂNCIA DAS ATIVIDADES DO COTIDIANO NO DESENVOLVIMENTO HUMANO

Neste capítulo, você entenderá quais habilidades do cotidiano são esperadas para que o repertório básico esteja plenamente consolidado e o que é importante considerar para o desenvolvimento de tais comportamentos para as pessoas com desenvolvimento neuroatípico.

LARISSA PEREIRA FINOCHIO

Larissa Pereira Finochio

Contatos
larissapfnc@gmail.com
Instagram: @larissapereirafinochio
11 94391 0206

Graduada em Terapia Ocupacional; pós-graduanda em Análise do Comportamento Aplicada ao Autismo pelo Instituto Continuum; experiência de cinco anos em casos de transtorno do espectro autista e transtorno opositor desafiador; concluiu os seguintes cursos: Introdução à Integração Sensorial de Ayres pela TOI; ABVD e AIVD e Desenvolvendo Metas de Intervenção, Registro e Mensuração de Resultados na Terapia Ocupacional pela Sensory.

Todo indivíduo possui ocupações, desde o nascimento até a fase adulta. O cotidiano de todos nós é composto por a fazeres. As características dessas atividades mudam conforme a etapa do desenvolvimento. A seguir, discorreremos sobre o que é esperado para cada etapa da vida e qual a importância de contemplá-las nos planos terapêuticos das pessoas com TEA.

Na primeira infância, que contempla dos 0 aos 6 anos, inicialmente a criança brinca, interage com familiares e amigos; basicamente, sua principal atividade é o brincar e, através dele, descobrir o mundo à sua volta.

Já na segunda infância, dos 6 aos 12 anos, o indivíduo começa a frequentar regularmente a escola, suas atividades se expandem além do brincar e do convívio familiar, iniciando as primeiras demandas acadêmicas e interações com pares sem supervisão direta dos pais.

A partir dos 12 anos, o brincar dá espaço para as atividades sociais: visitar, viajar com amigos, além de as atividades acadêmicas se tornarem sua principal ocupação.

Ao chegar à fase adulta, algumas atividades poderão ser acrescentadas ou substituídas, como a inserção no mercado de trabalho e a ampliação de interações que resultam em relacionamentos afetivos, desde o início de um namoro até a formação de uma família.

Agora que você já se familiarizou com as ocupações de cada fase da vida, é importante atentar-se a que, para as pessoas do TEA, nem todas essas fases são aprendidas e executadas com plena autonomia sem que haja um planejamento do ensino.

Ao falarmos de ocupação, é necessário um olhar 360 para as Atividades Básicas de Vida Diária (ABVD), aquelas tarefas executadas diariamente e que possibilitam que todas as fases citadas anteriormente sejam realizadas de forma autônoma.

ABVD são as atividades que envolvem cuidados consigo mesmo, que estão presentes na rotina, como: (a) realizar tarefas no toalete, controle urinário e intestinal e o ato de se limpar; (b) fazer a higiene pessoal: que envolve a higienização oral, cuidados com os cabelos, nariz, lavar as mãos, tomar banho e outros; (c) alimentar-se: usar utensílios e recipientes para beber dentre outros; (d) vestuário: vestir-se e se despir com ou sem fechos, colocar e tirar calçados com ou sem cadarço (MANCINI, 2005; SILVEIRA, GOMES, 2019).

Espera-se que até os 7 anos de idade todas essas habilidades sejam realizadas de forma independente, pois esse repertório servirá de base para outras ramificações do cuidar-se. Assim como na construção de uma casa é necessário o alicerce, assim também será o desenvolvimento do repertório base para a aquisição dessas habilidades.

Após a construção dessa base, outras etapas estarão por vir, como a ida ao banheiro, para uma menina que está passando pela menarca. Ela terá que aprender tudo o que envolve o uso do absorvente, saber qual será usado, quando deve ser trocado, como deve ser descartado e como deve ser colocado.

Para os meninos, novos desafios surgem também, como questões relacionadas ao órgão genital, ereção e ejaculação.

Na alimentação, o alimento não será mais entregue pronto, mas a pessoa do TEA começará a participar aos poucos das etapas de preparo, partindo de refeições menores, como lanches rápidos, com o uso de eletrodomésticos mais simples, por exemplo, o micro-ondas; até as refeições mais complexas, utilizando-se de equipamentos mais desafiadores, como o fogão e o forno.

Na higiene pessoal, outros cuidados poderão ser inseridos em sua rotina, como o cuidado com os pelos, identificando qual ferramenta será mais bem aproveitada em determinada região do corpo e como deve ser utilizada. No vestuário, poderá ser feita a identificação de quais peças serão escolhidas para uso, de acordo com o estilo, ocasião, clima ou preferência (PARTINGTON, MUELLER, 2012).

Embora a execução dessas tarefas pareça corriqueira, ou até mesmo instintiva, para as pessoas do TEA ela pode ser um grande desafio, pois, no espectro, é muito comum haver crianças com déficits no processamento sensorial, dificuldades motoras e na comunicação. Por exemplo, para que o desfralde aconteça, certas habilidades são consideradas pré-requisitos.

É necessário para a criança perceber a sensação de que precisa ir ao banheiro, diferenciar se irá urinar ou evacuar, o que também envolverá os músculos relacionados ao controle de esfíncter ou da bexiga. Nas primeiras etapas, enquanto precisa de ajuda, ela deve comunicar ao seu cuidador a necessidade de ir ao banheiro.

Por isso, no TEA, muitas vezes são necessários treinos arbitrários. Apesar de serem atividades simples quando são comparadas a questões acadêmicas ou sociais, elas se tornam complexas devido a uma série de etapas necessárias para o seu aprendizado e execução.

Segundo Serra (2020), para que esse treino seja eficaz, alguns componentes devem ser analisados e identificados, para que seja possível identificar se uma ou mais habilidades devem ser colocadas em treino, considerando-se as variáveis de cada pessoa e sua família, e como isso pode afetar a aprendizagem.

Veremos no quadro a seguir o exemplo de uma habilidade e todos os componentes que podem ser afetados:

Quadro 1 – Exemplo de variáveis que podem afetar a aprendizagem

Áreas afetadas	Dificuldades observadas
Motora	A pessoa pode não ter controle de esfíncter.
Sensorial	Pode não perceber que está com vontade ou que está suja.
Comportamental	Ao ser direcionada ao banheiro, apresenta comportamentos de recusa ou começa a chorar.
Comunicação	Não consegue pedir ou descrever que está com vontade de evacuar.

Tendo em vista os componentes afetados, faz-se necessário realizar treinos focados nos comportamentos esperados, identificando os déficits do repertório, para que assim seja possível estabelecer as habilidades desejadas, que são extremamente importantes para o desenvolvimento humano e, principalmente, estabelecer um trabalho de parceria com os cuidadores, visando a autonomia da pessoa como o objetivo final. Será necessário trilhar e percorrer um caminho de encontro à essa independência (MINATEL; MATSUKURA, 2014).

As atividades de vida diária são habilidades que aprendemos quando crianças, mas que irão nos acompanhar até a fase adulta. Por isso, quando há déficits nessa área, certamente na fase adulta será necessária a presença de um cuidador, afetando assim a qualidade de vida tanto do indivíduo como da sua família.

Sendo assim, faz-se necessário que, no planejamento de ensino, sejam contempladas as atividades do cotidiano tanto para nortear as habilidades que necessitarão ser estimuladas e desenvolvidas em treinos mais arbitrários, como também no contexto fora da terapia, promovendo um ambiente com oportunidades de generalização dessas atividades.

Referências

MANCINI, M. C. *Inventário de avaliação pediátrica de incapacidade (PEDI): manual da versão brasileira adaptada.* Belo Horizonte: UFMG, 2005.

MINATEL, M. M.; MATSUKURA, T. S. Famílias de crianças e adolescentes com autismo: cotidiano e realidade de cuidados em diferentes etapas do desenvolvimento. *Revista de Terapia Ocupacional da Universidade de São Paulo*, v. 25, n. 2, p. 126-134, 2014.

PARTINGTON, J.; MUELLER, M. *The Assessment of Functional Living Skills.* Califórnia, EUA: Behavior Analysis Incorporated, 2012.

SERRA, T. *Autismo: um olhar a 360°.* São Paulo: Literare Books International, 2020.

SILVEIRA, A. D.; GOMES, C. S. *Ensino de habilidades de autocuidado para pessoas com autismo.* Belo Horizonte: CEI, 2019.

VALENCIA, F. A. A. *Intervención integral de un programa de terapia ocupacional para niños/as y jóvenes con autismo, incrementando la autonomía en el entorno sociofamiliar.* Estudio realizado en el Centro Integral de Equinoterapia durante 01 de octubre de 2015 a 28 de enero 2016. 2016. Tese (Licenciatura em Terapia Ocupacional). Facultad de Ciencias Médicas. Carrera de Tecnología Médica. Universidad de Guayaquil, Equador, 2016.

12

CENTRO PARA CRIANÇAS AUTISTAS

A ARQUITETURA A FAVOR DA INDEPENDÊNCIA

Cientistas acreditam que tanto a genética quanto as influências ambientais desempenham um grande papel nas pessoas com autismo. Dessa forma, entender como a arquitetura e os ambientes podem influenciar e ajudar as pessoas do TEA a desenvolverem-se e ganharem independência torna-se essencial, por meio de um ambiente adaptado, com o objetivo de estabelecer aspectos sensoriais a esses indivíduos.

LEILA TEREZA DA PALMA

Leila Tereza da Palma

Contatos
leila_palma@hotmail.com
Instagram: @leilapalma.arq
11 98814 1331

Arquiteta e urbanista graduada pelo Centro Universitário Armando Álvares Penteado (FAAP) em 2022.

No último ano da faculdade de Arquitetura e Urbanismo, resolvi estudar a relação entre a arquitetura e o autismo, entendendo como os ambientes construídos podem ajudar uma pessoa com autismo a se desenvolver e ganhar independência.

A motivação inicial para esse trabalho de finalização de curso surgiu a partir de uma questão pessoal que me fez, desde muito nova, enxergar outra realidade.

Somente um ano e meio após o meu nascimento, a minha irmã nasceu com autismo e atraso mental, necessitando de tratamentos e ajuda profissional desde pequena. Dessa forma, desde muito nova eu a acompanhei em médicos, terapeutas ocupacionais, psicólogos e, principalmente, nas escolas para crianças especiais que a minha irmã já frequentou e ainda frequenta. Enquanto isso, eu pude observar os espaços nos quais todas essas atividades se encontravam.

Nos últimos anos, houve um grande crescimento no número do autismo. Esse rápido crescimento, analisado nos dados elaborados em 2021 pelo CDC (Centro de Controle e Prevenção de Doenças), segundo o qual uma em cada 44 crianças possuem o transtorno, pode ser relacionado com uma maior conscientização e, com isso, um maior número de diagnósticos feitos. Isso também significa que, como arquitetos e também como sociedade, nós precisamos entender e considerar as necessidades, que podem variar muito de pessoa para pessoa, para que haja a devida inclusão nos diferentes ambientes que convivem e frequentam.

Para isso, em um primeiro momento, é necessário entender como é a compreensão espacial e sensorial do autista. Os indivíduos com TEA percebem o espaço de forma diferente dos indivíduos neurotípicos, podendo ser expostos às mesmas informações sensoriais, mas interpretando-as de uma forma diferente, o que muda a sua experiência. Existe, assim, uma variedade de maneiras na forma como uma pessoa com autismo pode interpretar o espaço.

Os menores detalhes de um ambiente podem atrair a atenção de pessoas com autismo, causando distração, pois elas podem vivenciar hipersensibilidade ao observar e experimentar um espaço. Isso significa que muita informação é processada pela criança. Já em casos de pessoas autistas com uma hipossensibilidade a estímulos sensoriais, o que acontece é a absorção de menos informações que o normal. O comportamento característico das pessoas com autismo pode estar ligado a essas diferentes experiências espaciais e percepções do mundo ao redor.

Dessa forma, a arquitetura desempenha um papel essencial ao planejar um espaço calibrando as informações sensoriais, incluindo a visão, o olfato, a audição, além da experimentação de diferentes dimensões, para diminuir as distrações e reduzir os estímulos estressantes que dificultam o processo de aprendizagem. É necessário, então, que os arquitetos possuam uma sensibilidade e entendam quais são as premissas que norteiam a percepção espacial dos indivíduos autistas.

Estudos mostram que projetos criados para pessoas autistas não são barreiras para a população neurotípica, mas, ao contrário, podem beneficiar toda a população, principalmente pessoas que têm ansiedade, Transtorno de Déficit de Atenção e Alzheimer.

A arquiteta Magda Mostafa é pioneira no design para o autismo e produziu o Autism ASPECTSS Design Index, que estabelece como a implementação do design consciente do autismo pode ser benéfico para todos. Ele foi desenvolvido a partir de 2013 e contempla sete critérios, que formam a sigla ASPECTSS, em inglês: acústica, sequenciamento espacial (organização de espaços em torno de uma série lógica de eventos, como um dia escolar), espaço de fuga (espaços seguros que permitem momentos de descanso sensorial), compartimentação (espaços específicos para atividades específicas), espaço de transição (redução do impacto sensorial de dois espaços contrastantes – como uma sala de aula e um *playground* barulhento), zoneamento sensorial (por exemplo, agrupar salas com baixos níveis de estímulo) e segurança.

Diferentes opiniões são encontradas a respeito da arquitetura voltada ao autismo e, enquanto, alguns arquitetos defendem a abordagem "neurotípica", outros defendem a abordagem do design sensorial.

Abordagem "neurotípica": ambientes ditos neurotípicos tentam simular o mundo real para que os indivíduos com autismo nunca tenham realmente que generalizar habilidades, facilitando a transição para o mundo e vida real e tornando-a menos intimidante. Assim, os ambientes neurotípicos possuem um nível alto de estímulos, pensando na superestimulação que existe na vida real.

Teoria do design sensorial: a teoria do design sensorial consiste na criação de um ambiente sensorial controlado, que proporcione um conforto às pessoas com autismo, o que pode facilitar a aquisição de novas habilidades. Essa abordagem defende ambientes com um nível baixo de estímulos, que podem ser adaptáveis. O ASPECTSS de Magda Mostafa segue essa abordagem.

Arquitetura inclusiva: estratégias de projeto

Seguindo os critérios estabelecidos por Magda Mostafa, algumas estratégias projetuais são interessantes ao projetar espaços voltados para pessoas autistas.

Os materiais e as cores, assim como a iluminação, são elementos muito importantes na arquitetura e possuem grande influência na percepção dos espaços para um indivíduo autista, visto que as pessoas com autismo podem distrair-se facilmente ao se depararem com a complexidade de certos detalhes. Então, ao pensar na iluminação de um espaço, por exemplo, deve-se planejar as aberturas com atenção, além de prever um controle da luz que entra no espaço, objetivando uma iluminação uniforme, indireta e difusa.

Da mesma forma, deve-se optar por uma paleta reduzida de materiais e cores, com a intenção de se criar ambientes neutros e contínuos. Assim, quando necessário, alguns estímulos podem ser introduzidos, como paredes táteis que guiem o caminho, ou um espaço texturizado que possa causar e exigir uma atenção maior, assim como a introdução de cores contrastantes para sinalizar a mudança de ambientes, semelhante a um sistema de *wayfinding*.

Além das estratégias apontadas acima, o zoneamento sensorial, a compartimentação, o sequenciamento espacial, os espaços de fuga e as salas sensoriais são fundamentais em uma arquitetura voltada ao autismo.

O zoneamento sensorial, em conjunto com a compartimentação, consiste na organização do espaço a partir do entendimento das qualidades sensoriais de cada programa. Assim, como Mostafa defende, a organização dos espaços deve seguir níveis de estímulos semelhantes, podendo dividir o programa entre zonas com um alto nível de estímulo e zonas com um baixo nível de estímulo, compartimentando-as e, entre elas, deve-se ter espaços de transição, como ambientes externos e salas sensoriais.

O sequenciamento espacial de um edifício é fundamental para a independência e autonomia das pessoas autistas ao circularem em um espaço, tornando o ambiente previsível, ajudando as pessoas com TEA a antecipar as atividades que virão ocorrer nos espaços seguintes. Dessa forma, torna-se interessante organizar os espaços que envolvem uma função sensorial semelhante em uma ordem lógica considerando também a programação das atividades diárias, evitando distrações e aliviando a ansiedade.

Por último, as salas sensoriais e os ambientes de fuga são importantes em ambientes educacionais por proporcionarem um alívio para as pessoas com autismo. Os espaços de refúgio podem ser formados por pequenas áreas em todo o edifício, enquanto as salas multissensoriais podem ter equipamentos estimulantes ou calmantes, com atividades lúdicas e de lazer.

O centro para crianças autistas

A proposta arquitetônica para meu trabalho de conclusão de curso consistiu no projeto de um Centro para Crianças Autistas que funcionasse como um local completo com atividades voltadas à educação e desenvolvimento dessas pessoas, no qual o projeto foi pensado seguindo as estratégias para uma arquitetura inclusiva e os ideais elaborados pela Magda Mostafa.

Conforme o teórico e arquiteto Christopher Beaver defende, o espaço orgânico ou circular pode ser interessante ao se pensar que os espaços curvos são bem aceitos pelos autistas por darem uma sensação de poder encontrar o caminho. Dessa forma, o formato circular surge como a principal partida do projeto, seguindo o objetivo principal de garantir a independência aos usuários.

A setorização do programa se tornou outro ponto fundamental para o projeto. Ou seja, a partir de uma análise do estímulo de cada programa, surgem blocos nos quais há uma compartimentação dos espaços com estímulos semelhantes. Assim, todo o edifício foi dividido em cinco blocos conectados entre si pela contínua circulação. O bloco administrativo é o primeiro deles e, em sequência, há o refeitório, que se encontra em outro compartimento, além do espaço de esportes, com quadra, vestiário e piscina localizados no bloco seguinte. Essas três partes comportam os programas de maior estímulo sensorial. Do lado oposto, há o bloco de salas de aula e o de terapias, que possuem estímulos mais neutros.

A partir da conexão e da forma do projeto, surgem alguns pátios e espaços de contemplação, além do grande pátio central, o que pode ser muito interessante para o desenvolvimento do convívio social para as crianças autistas. Além do que, esses espaços e a própria circulação funcionam também como uma zona de transição entre os diferentes estímulos existentes.

Fica o convite para que os ambientes sejam projetados visando o pertencimento pleno das pessoas do TEA, respeitando suas características em detrimento de extensas exposições em ambientes que proporcionam prejuízos ao aprendizado.

Por fim, posso dizer que eu acredito muito na plena inclusão das pessoas com autismo, principalmente quando nós, arquitetos, o projetamos conscientemente. O Centro para Crianças Autistas foi desenvolvido e pensado para ser, acima de tudo, uma referência de arquitetura inclusiva para esses indivíduos.

Acesse com o celular o QR code a seguir para visualizar alguns desenhos do projeto:

Referências

ALTENMÜLLER-LEWIS, U. Designing Schools for Students on the Spectrum. *The Design Journal*, p. S2215-S2229, 6 set. 2017. Disponível em: <https://www.tandfonline.com/doi/abs/10.1080/14606925.2017.1352738>. Acesso em: 10 maio de 2022.

DENHARDT, T. *Autism-aware design.* 18 jul. 2017. Disponível em: <https://architecturenow.co.nz/articles/autism-aware-design/#img=0>. Acesso em: 10 mar. de 2022.

HENRY, C. N. *Designing for Autism: The "Neuro-Typical" Approach.* 3 nov. 2011. Disponível em: <https://www.archdaily.com/181402/designing-for--autism-the-neuro-typical-approach>. Acesso em: 10 mar. de 2022.

MCLAREN, B.; PROKSCH, G. *Building Better Schools: A New Model For Autism Inclusion in Seattle Michelle Yates.* 2016. A thesis submitted in partial fulfillment of the requirements for the degree of Master of Architecture (Architecture) - University of Washington, 2016. Disponível em: <https://www.tandfonline.com/doi/abs/10.1080/14606925.2017.1352738>. Acesso em: 10 maio de 2022.

MOSTAFA, M. *Architecture For All. Inside Quality Design*, p. 63-159, 2021. Disponível em: <https://issuu.com/magdamostafa/docs/iqd_65_lowres>. Acesso em: 10 mar. de 2022.

PAIVA JR., F. *EUA publica nova prevalência de autismo: 1 a cada 44 crianças, com dados do CDC*. 2 dez. 2021. Disponível em: <https://www.canalautismo.com.br/noticia/eua-publica-nova-prevalencia-de-autismo-1-a-cada-44-criancas-segundo-cdc/>. Acesso em: 15 abr. de 2022.

QUIRK, V. *An Interview with Magda Mostafa: Pioneer in Autism Design*. 9 out. 2013. Disponível em: <https://www.archdaily.com/435982/an-interview-with-magda-mostafa-pioneer-in-autism-design?ad_medium=gallery>. Acesso em: 10 mar. de 2022.

VALDES, M. *Architecture of Autism*. 2012. Trabalho de Conclusão de Curso (Arquitetura e Urbanismo) – Savannah College of Art + Design, 2012.

VASCONCELLOS, M. E. *Para uma arquitetura inclusiva: proposta de intervenção em uma escola básica no Porto para o desenvolvimento da criança autista*. 2020. Mestrado (Arquitetura) – Universidade do Porto, 2020. Disponível em: <https://repositorio-aberto.up.pt/handle/10216/131924>. Acesso em: 6 ago. de 2022.

13

DESAFIOS E POSSIBILIDADES NA ADOLESCÊNCIA ATÍPICA

Este capítulo visa levantar informações sobre os desafios enfrentados pelo adolescente autista e sua família, considerando, em especial, os desafios do ambiente escolar e da sexualidade. Quais são as possibilidades para os autistas e suas famílias, e qual a contribuição possível de cada um?

TIAGO BUENO FARIAS

Tiago Bueno Farias

Contato
tiagofarias.psi@gmail.com

Psicólogo pela Universidade Presbiteriana Mackenzie (UPM), especialista em Intervenção ABA para Autismo e Deficiência Intelectual pelo Child Behavior Institute of Miami - CBI. Formação avançada em Terapia de Aceitação e Compromisso pelo Instituto Brasiliense de Análise do Comportamento - IBAC. Psicoterapeuta e supervisor em ABA do Núcleo Direcional. Consultor ABA em clínicas e escolas do Brasil, visando a difusão de conhecimento para profissionais e famílias de pessoas com transtorno do espectro autista.

A jornada da vida é marcada por desafios e experiências únicas em cada uma de suas fases. Porém, acredito que, se perguntasse hoje para um grupo qualquer de pessoas, a maioria levantaria a mão para "adolescência", quando questionados a responder qual seria o período mais desafiador da vida.

A adolescência envolve momentos de plenitude, alegria, mas também de sofrimento. É uma fase com particularidades, marcada por autoconhecimento, alterações físicas e novos sentimentos associados à solidão, angústia e desesperança que, quando somados com um quadro diagnóstico, podem ser ainda mais potencializados.

Sempre há caminhos e possibilidades para que essa etapa da vida seja menos desafiadora e repleta de muita felicidade. Os estudos sobre a fase da adolescência na população TEA são consideravelmente menores se comparados aos estudos em crianças, desde o diagnóstico até a intervenção.

Nos últimos anos, novos estudos com foco em compreender aspectos da adolescência entraram em ascensão, o que contribuiu para a eliminação de mitos acerca da aprendizagem e das mudanças comportamentais dessa fase, oferecendo novas possibilidades de orientação, intervenção e garantia de direitos para indivíduos já com diagnóstico e tratamento, mas também para aqueles que recebem um diagnóstico tardio.

A disseminação do assunto também aumentou em nossa sociedade, com programas de TV e seriados dedicados a explorar as nuances da adolescência atípica, sejam elas reais ou através de personagens. Também podemos acompanhar o autorrelato de adolescentes no espectro descrevendo sua vivência nessa fase nas redes sociais, tornando o tema mais acessível e trazendo um olhar sobre sua importância e complexidade.

Os primeiros passos

A Organização Mundial da Saúde (OMS) tem por definição, atualmente, a pré-adolescência como o período entre os 10 e os 14 anos de idade; a adolescência dos 15 aos 19 anos e a juventude dos 19 aos 24 anos (WHO, 1986). Apesar de concentrar um olhar em especial para a fase da adolescência propriamente dita, é importante estender parte dos pontos aqui levantados para a pré-adolescência e juventude também.

Uma boa parte dos desafios enfrentados na adolescência pode ter sua intensidade e frequência reduzidas com uma boa atenção na rotina diária. Ouvimos à exaustão sobre a necessidade de "cuidar da base" para uma melhora na qualidade de vida em geral, porém por vezes, nos esquecemos da sua importância. Então, para começo de tudo, a base é: sono, alimentação e exercícios.

Mudanças fisiológicas não podem ser ignoradas e interferem na quantidade, qualidade e horários de sono. É recomendado que um adolescente durma, em média, entre oito horas e meia e nove horas e meia por noite; e também é esperada uma mudança para um padrão mais tardio, no qual o adolescente costuma sentir sono mais tarde, resultando também em acordar mais tarde, mesmo quando não observado tal padrão na infância (e posteriormente na fase adulta).

Alterações no padrão de sono (como privação, excesso ou falta de regularidade com os horários) podem resultar em surgimento ou intensificação da labilidade/irritabilidade, falta de atenção e motivação, esquecimentos, sintomas de depressão e ansiedade, dentre outros. Considerar aspectos sensoriais é ponto relevante, dado que alterações de processamento sensorial são comuns em indivíduos com TEA.

Alterações na rotina do sono podem interferir também na rotina alimentar. Aqui, é válido também um monitoramento, seja dos padrões deficitários ou excessivos no consumo de alimentos, seja do horário das refeições e na qualidade da dieta – como consumo de alimentos calóricos e estimulantes, inclusive para compensar possíveis alterações no padrão de sono, por exemplo. Para indivíduos com histórico de seletividade ou rigidez alimentar desde a infância, o acompanhamento e mediação sistemáticos são essenciais.

Em relação aos exercícios, vale a análise do quão ativo o adolescente se mantém diariamente. Há estudos recentes que mostram que mais da metade dos adolescentes autistas pratica atividade física insuficiente, resultando em sedentarismo. Fatores como falta de tempo dos familiares, questões financeiras e possíveis déficits sociais do indivíduo podem dificultar o acesso à atividade física, além da utilização tablets/smartphones, que são mais acessíveis e populares podem ser desafios importantes.

É imprescindível considerar todo o histórico de vida do adolescente e suas particularidades, em aliança com os profissionais de saúde qualificados, para garantir a manutenção de tais componentes.

A equipe de saúde e educação tem papel primordial na orientação e monitoramento constantes com a família, e as possibilidades devem ser estudadas caso a caso.

A introdução ou manutenção medicamentosa, dietas adequadas ao perfil e estilo de vida, uso de recursos para monitoramento da rotina e educação física acessível, além da psicoeducação para efetividade e constância de tais objetivos, são algumas das possibilidades iniciais a serem exploradas. O cuidado com a base, apesar dos desafios da adolescência atípica, é primordial para garantir também que tal aprendizado seja sustentável na fase adulta.

A escola

O ambiente escolar, além de ser o espaço de aprendizado, é, primordialmente, o espaço da cultura. As interações sociais se tornam mais complexas e, na escola, os desafios podem se mostrar ainda mais intensos.

Na interação com adolescentes, podemos citar o uso de gírias e expressões específicas da faixa etária, além de novas formas de interagir, como as fofocas, sarcasmos, ironias, flertes/cantadas como marcas do período.

Para o adolescente autista, déficits (mesmo sutis) na interação social podem ficar evidentes, seja na expressão e adequação ao novo vocabulário, seja na compreensão das novas regras sociais. Somam-se, ainda, padrões de rigidez nas interações (como o hiperfoco em um determinado assunto), que resultam em isolamento e, nos piores cenários, *bullying*/assédio.

Em relação à aprendizagem, os desafios também se intensificam: pelo volume e complexidade das matérias, desinteresse por parte delas, quantidade de compromissos diários, dentre outros. Alterações nas funções executivas (como memória de trabalho, planejamento, organização e atenção) ficam também mais evidentes, podendo resultar em perda de interesse pelo ambiente acadêmico, problemas comportamentais (como desrespeito às regras ou autoridades) e abandono dos estudos.

As possibilidades de mediação em tal contexto também são diversas, mas comecemos pelo essencial: construir pontes. A escola é um ambiente que atende à comunidade e, portanto, é importante que família, escola e clínica estabeleçam uma relação de confiança e cooperação, com o objetivo de oferecer a vivência escolar para o adolescente da melhor forma possível.

Uma comunicação assertiva e acolhedora entre escola e família é o primeiro passo. Para a família, é importante dedicar um tempo para compreender o quão inclusiva a escola é, e o quão comprometida se mostra ao garantir os direitos à educação e cidadania do aluno TEA. É uma etapa primordial, e vale o esforço. Inclusive, considerando a possibilidade de intercorrências, comunicação e confiança são inegociáveis.

Para a equipe clínica, considerando a diversidade dentro do espectro (e dentro da escola), o acompanhante terapêutico (AT) pode ser uma peça-chave, tanto na manutenção como na promoção de habilidades sociais, no suporte para melhor aproveitamento escolar e na garantia de segurança e integridade do adolescente.

A intervenção em ambiente clínico será importante na mediação de tais desafios e um espaço seguro para o ensino de habilidades específicas, com uso de recursos diferenciados, a fim de atender e sustentar um compromisso de maior autonomia e qualidade de vida para o adolescente.

A equipe médica é primordial, dado que comorbidades como depressão, ansiedade e TDAH são frequentes na população TEA. Em parte dos casos, os sintomas só são mais bem observados na fase escolar mais tardia, de forma que um diagnóstico diferencial e tratamento são essenciais nessa etapa.

Sexualidade

Um dos tópicos mais desafiadores quanto às famílias com um adolescente atípico está relacionado às questões de gênero e expressão da sexualidade. Compreender, mediar e tomar decisões sobre menstruação e masturbação, além de garantir a segurança e autopreservação do adolescente com TEA, são desafios frequentes para muitas famílias e fonte de angústias. Para muitos, ainda é um assunto tabu que evitam o máximo possível.

Em relação à menstruação, há a dificuldade de se decidir pela sua interrupção ou não da menstruação, o uso correto e troca de absorventes e a higiene íntima. Para muitas famílias, há uma preocupação em relação ao impacto que a medicação pode ter no organismo, à dificuldade em ensinar sobre o uso do absorvente.

A higiene íntima adequada pode ser não só um assunto como um ponto relativamente negligenciado, inclusive por profissionais. O assunto pode ser motivo de constrangimento, e o ensino/execução pode ser associado a problemas comportamentais por parte da adolescente.

Sobre a masturbação, podemos citar a alta busca de determinados indivíduos por manipular-se, possíveis lesões decorrentes da manipulação inadequada dos genitais e o ato realizado em locais inapropriados como desafios importantes.

Se o medo da violência sexual e assédio é uma realidade para pais de adolescentes típicos, é ainda mais intenso em pais de adolescentes atípicos, dadas as limitações na comunicação, a dificuldade de identificar possíveis situações de risco e de autodefesa.

Orientações sexuais diversas somam-se a tais medos. Se a sexualidade de pessoas atípicas já é ignorada para a sociedade em geral, quando um adolescente autista manifesta sua orientação sexual como não heterossexual, o problema se intensifica. Assim, a discriminação e violência podem aparecer, inclusive dentro do próprio núcleo familiar.

Apesar dos desafios, tudo começa com a compreensão de que todo indivíduo tem direito de expressar sua sexualidade. Então, os medos precisam ser trabalhados, acolhidos, visando a aceitação sobre o assunto. Conscientização e acesso à informação são ferramentas para prevenir problemas futuros.

Um diálogo aberto com a equipe de saúde é o começo, pois contribuirá na tomada de decisão através da resolução das dúvidas, bem como o oferecimento de um parecer sobre as medidas necessárias caso a caso.

A antecipação também é uma forma de garantia de uma vivência da sexualidade de forma segura, como no ensino precoce de medidas de higiene íntima, aproximação e treino no uso de absorventes e ferramentas de comunicação, visando a garantia da segurança e autopreservação.

Sobre a masturbação, pode-se ensinar ao adolescente o local adequado, as etapas de como se higienizar, além da forma adequada para se manipular, evitando lesões e garantindo a saúde. Também é possível o ensino do uso de métodos contraceptivos e seu monitoramento de forma regular. Para uma mediação efetiva, orientação e adequação às particularidades de cada indivíduo, devem ser considerados o nível de suporte e os valores culturais da família.

Novas possibilidades

Enquanto psicólogo, muito me alegro com a curva ascendente em pesquisas e novas estratégias em diferentes áreas do saber para garantir o tratamento e a mediação adequados para os adolescentes no espectro.

Os desafios não acabam, independentemente da fase da vida, na realidade, eles se transformam. Exigem um olhar cuidadoso para cada etapa e as possibilidades podem se mostrar infinitas com a parceria e a contribuição única de cada um.

Referências

FRANCES E. J.; NUTT, A. E. *O cérebro adolescente: guia de sobrevivência para criar adolescentes e jovens adultos.* Rio de Janeiro: Intrínseca, 2016.

LIMA, S. M.; LAPLANE, A. L. F. de. Escolarização de alunos com autismo. *Revista Brasileira de Educação Especial,* v. 22, p. 269–284, 2016.

MACIEL, M. A. M. *et al.* Sedentarismo e fatores associados em crianças e adolescentes com transtorno do espectro autista. *Brazilian Journal of Development,* v. 6, n. 7, p. 42.797-42.814, 2 jul. 2020.

SCHRECK, K. A.; MULICK J. A.; SMITH A. F. Sleep problems as possible predictors of intensified symptoms of autism. *Research in Developmental Disabilities,* 2004.

WHO (World Health Organization. Young People's Health). A Challenge for Society. Report of a WHO Study Group on Young People and Health for All. *Technical Report* Series 731. Genebra: WHO, 1986.

14

E AGORA? MEU FILHO CRESCEU

IMPLICAÇÕES DA TRANSIÇÃO PARA VIDA ADULTA NO TEA

Este texto trata das implicações da transição da adolescência para a vida adulta em autistas. A perspectiva coberta pelos autores aponta para os diversos fatores sociais e culturais e para as mudanças esperadas, além de indicar possíveis marcadores avaliativos e necessidades de apoio para a família e a própria pessoa autista. Como medidas de avaliação, foram indicados o protocolo de avaliação AFLS, bem como diversos tipos de apoios necessários para a família e para equipes terapêuticas.

AÍDA TERESA DOS SANTOS BRITO E DANILO CARVALHO DE SÁ

Aída Teresa dos Santos Brito

Contato
Instagram: @brito.aidateresa

Doutora pelo programa de pós-graduação em Educação pela UFPI, com ênfase em Educação Especial. Mestre em Educação, psicóloga clínica, psicopedagoga, especialista em Terapia Analítico-comportamental Infantil, especialização em ABA: Análise do Comportamento Aplicada à Educação de Pessoas com TEA, Atrasos no Desenvolvimento e Outros Problemas de Aprendizagem pela Universidade Federal de São Carlos/SP. Especialista em Educação Especial e Inclusiva, formação em TEACCH, PECs e ABA. Atua como terapeuta ABA desde 2004, presta consultoria em ABA, diretora clínica da Luna Aba e avalia e elabora programas na área de intervenção em ABA e inclusão educacional, Pesquisa em Comportamento Verbal e Habilidades Sociais.

Danilo Carvalho de Sá

Contatos
danilocarvalhodesapsi@gmail.com
sdccursoseconsultoriaaba@gmail.com
Instagram: @sdccursoseconsultoriaaba
@Psi_danilodesaa
@Dialogar_institutoterapeutico
86 99468 3883

Bacharel em psicologia pela Universidade Estadual do Piauí-UESPI, especialização em Análise do Comportamento Aplicada-ABA, especialista em Sexologia Aplicada pelo INPASEX, mestre em Psicologia pela Universidade Federal Delta do Parnaíba-UFDPar, psicólogo e diretor clínico da Dialogar Instituto Terapêutico, consultor e supervisor de casos clínicos em ABA, diretor-geral da SDC Cursos e Consultoria ABA, ministrante de cursos relacionados a ABA e VBMAPP. Pesquisador do Núcleo e Pesquisa em Relacionamento Interpessoal – NUPRIN da UFDPar com temas: sexualidade, autismo e análise do comportamento aplicada.

A transição da adolescência para a idade adulta é um processo de desenvolvimento que envolve mudanças físicas, psicológicas, sociais e emocionais. Essa transição pode variar de acordo com a cultura, o contexto e as experiências individuais, mas geralmente ocorre entre os 18 e 25 anos de idade (ARNETT, 2014). Nesse período, a identidade, o papel social e a autonomia dos jovens sofrem mudanças significativas. Algumas dessas mudanças ocorrem tanto em fases formais quanto informais, como o ciclo escolar do ensino fundamental ao médio, o título de eleitor, a carteira de motorista, entre inúmeras outras situações. Eles podem deixar a casa dos pais, entrar no mercado de trabalho ou ir para a faculdade, formar relacionamentos próximos e assumir responsabilidades financeiras. Além disso, eles podem enfrentar novas tensões e desafios, como lidar com o estresse e a incerteza sobre o futuro (ENNER *et al.*, 2020).

A transição é um processo contínuo que pode incluir o exame de valores e crenças pessoais, a exploração de novas possibilidades e a busca de autonomia e independência. Este é um momento de mudança e crescimento que é emocionante e desafiador. Para muitos autores, o período de transição é um período único de desenvolvimento, uma fase caracterizada por mudanças e fluxos, cujas vivências são definidas como tarefas de desenvolvimento fundamentais, como a separação da família de origem ou a formação de uma relação conjugal. Muitas vezes essas mudanças operam de forma a criar os denominados marcos de transição específicos, como terminar a escola, sair para trabalhar, sair de casa dos pais, casar e ter filhos (AGUDO, 2008).

A transição da adolescência para a idade adulta pode apresentar desafios específicos para pessoas com deficiência, já que suas necessidades podem ser diferentes daquelas das pessoas sem deficiência (BRUGHA *et al.,* 2016). Alguns aspectos importantes devem ser considerados durante a transição, como a educação. Pessoas com deficiência muitas vezes precisam de serviços educacionais especializados, e a transição da escola para a vida adulta pode ser especialmente difícil. É importante que sejam fornecidos apoios e recursos para ajudá-las a desenvolver habilidades para a vida, como a busca de emprego e o gerenciamento do dinheiro (CAMETO; LEVINE; WAGNER, 2017).

Quanto ao acesso à saúde, pessoas com deficiência muitas vezes precisam de cuidados médicos especializados, e a transição para a idade adulta pode ser um momento em que enfrentam dificuldades para encontrar serviços de saúde apropriados (KUHLTHAU *et al.*, 2010).

Concernente à autonomia e independência, durante a transição para a idade adulta, é provável que, em algum momento, pessoas com deficiência possam desejar mais autonomia e independência. É importante que sejam oferecidos apoios para ajudá-las a alcançar esses objetivos, como serviços de transporte e assistência para a vida diária (HUME; LOFTIN; LANTZ, 2009).

Para essas inúmeras variáveis descritas acima, será necessário o apoio de equipes multiprofissionais para avaliar tantos aspectos envolvidos e desenvolver melhores descritores para possíveis sistemas compostos de avaliação que considerem diferentes aspectos do desenvolvimento humano, incluindo mudanças físicas, emocionais, sociais e comportamentais (ENNER *et al.*, 2020).

No Brasil, a discussão sobre a transição é relativamente incipiente e não temos leis que garantam o direito ao apoio contínuo em outros contextos da vida na idade adulta, como nos Estados Unidos, muito menos critérios de direitos e deveres das entidades público e privadas para tal acesso por meio de questões sociais, éticas e legais. É necessário que o processo de transição seja pensado e incluído, desde a detecção de um diagnóstico precoce ou tardio, e que seja uma ferramenta de políticas públicas e privadas que tenham o intuito de diluir e explicitar a relevância dessa etapa ao longo da vida das pessoas autistas na forma de planejamento em curto, médio e longo prazo. Haja vista que pessoas neurotípicas passam pelos mesmos processos, porém, de forma implícita (ELSTER; PARSI, 2022).

A análise do comportamento aplicada (ABA, em inglês) é uma ciência que está continuamente evoluindo e buscando cada vez mais uma visão abrangente, compassiva e informada pelo trauma do ser humano (HARRIS, 2021). Em vista disso, a avaliação também terá esse caráter contínuo de coleta de informações da pessoa autista, abrangendo seus pontos fortes, necessidades, preferências, interesses, conforme se relacionem com demandas atuais e futuras, ambientes da vida, aprendizagem e trabalho (WEHMAN; SMITH; SCHALL, 2009).

Alguns indicadores podem ser usados para avaliar se uma pessoa está na fase de transição para a vida adulta; tais descritores podem ser úteis para que profissionais possam fazer melhores escolhas dentro de seu respectivo campo de atuação (HEDLEY *et al.*, 2018; ANDERSON *et al.*, 2018; CHEAK-ZAMORA; TETI; FIRST, 2015) e partir para a avaliação, como a independência na educação, carreira, mudanças físicas, relacionamentos, responsabilidades financeiras, mudanças emocionais etc. (HOWLIN; ALCOCK; BURKIN, 2005).

Considerando-se todos os aspectos citados, a ABA possibilita avaliação e planejamento de variáveis (VISMARA; ROGERS, 2010) e tem sido amplamente utilizada para ajudar pessoas autistas a desenvolver essas habilidades, podendo ser muito útil na transição para a vida adulta.

Aqui estão algumas maneiras específicas pelas quais a ABA pode ser aplicada nesse processo (PARTINGTON; MUELLER, 2012):

Ensino de habilidades sociais: a ABA pode ajudar a ensinar habilidades sociais importantes, como iniciar e manter conversas, fazer amigos, lidar com conflitos e se adaptar a novos ambientes sociais. Essas habilidades são essenciais para a vida adulta e podem ser particularmente importantes durante a transição para a vida adulta.

Treinamento de habilidades de comunicação: a ABA pode ajudar a ensinar habilidades de comunicação, como falar claramente, entender a linguagem não verbal e seguir instruções verbais. Essas habilidades são importantes para interações diárias, como entrevistas de emprego, saber lidar com serviços de saúde e fazer compras, por exemplo.

Ensino de habilidades acadêmicas: a ABA pode ajudar a ensinar habilidades acadêmicas importantes, como leitura, escrita e matemática, que são essenciais para muitas carreiras e atividades da vida adulta. Essas habilidades podem ser especialmente importantes para jovens com autismo que planejam frequentar a faculdade ou ingressar em treinamentos profissionais.

Desenvolvimento de habilidades de vida diária: a ABA pode ser usada para ensinar habilidades de vida diária, como cozinhar, limpar, gerenciar dinheiro e planejar rotinas. Essas habilidades são importantes para a independência na vida adulta e podem ajudar a garantir que jovens com autismo possam viver de forma mais autônoma e independente.

Preparação para o trabalho: a ABA pode ser usada para ensinar habilidades específicas relacionadas a empregos, como atendimento ao cliente, produção, gerenciamento de tarefas e gerenciamento de tempo.

Em resumo, a ABA pode ser muito útil na transição de autistas para a vida adulta, ajudando a ensinar habilidades importantes e práticas para a independência e sucesso (HONG *et al.*, 2017). Existem muitos protocolos de avaliação comportamental em ABA que avaliam as áreas específicas citadas; porém, o protocolo que avalia todas essas dimensões juntas, tornando-as mais adequadas para a transição, é o *Assessment of Functional Living Skills* (AFLS).

O AFLS é um protocolo comportamental desenvolvido por Partington e Mueller (2012) que pode ajudar a avaliar habilidades funcionais importantes para a vida diária de pessoas com autismo. O protocolo avalia habilidades em seis áreas principais: habilidades básicas, casa, vida independente, comunidade, lazer, trabalho e escola.

O protocolo é composto por uma série de tarefas específicas que são apresentadas ao indivíduo em situações do mundo real. O avaliador observa a execução das tarefas e registra as habilidades demonstradas pelo indivíduo. Com base nos resultados da avaliação, um plano de intervenção pode ser desenvolvido para ajudar a desenvolver habilidades importantes para a vida adulta. Ao identificar as habilidades que ainda precisam ser desenvolvidas, o protocolo pode ajudar a orientar a intervenção para apoiar a transição para a vida adulta de pessoas com autismo.

Em resumo, a transição da adolescência para a vida adulta, para pessoas com autismo, pode ser um período de muitas mudanças e desafios, mas também pode ser uma oportunidade para desenvolver habilidades e se tornar mais independente. É importante que haja suporte e recursos disponíveis para ajudar na transição e garantir que as pessoas com autismo possam alcançar seu potencial máximo.

Referências

AGUDO, V. R. C. *A transição para a idade adulta e os seus marcos: que efeito na sintomatologia depressiva?* Dissertação (Mestrado integrado em Psicologia). Núcleo de Psicologia Clínica Dinâmica, Universidade de Lisboa, Portugal, 2008.

ANDERSON, K. A. *et al.* Transition of individuals with autism to adulthood: A review of qualitative studies. *Pediatrics*, v. 141, n. 4, p. 318-327, 2018.

ARNETT, J. J. *Emerging adulthood: The winding road from the late teens through the twenties.* Oxford University Press, 2014.

BRUGHA, T. S. *et al.* Epidemiology of autism in adults across age groups and ability levels. *The British Journal of Psychiatry*, v. 209, n. 6, p. 498-503, 2016.

CAMETO, R.; L. P.; WAGNER, M. Transition planning for students with disabilities. A National Longitudinal Transition Study-2 (NLTS2). Califórnia, EUA: *SRI International;* 2004; Disponível em: <www.nlts2.org/reports/2004_11/>. Acesso em: ago. de 2019.

CHEAK-ZAMORA, N. C.; TETI, M.; FIRST, J. Transitions are scary for our kids, and they're scary for us: Family member and youth perspectives on the challenges of transitioning to adulthood with autism. *Journal of Applied Research in Intellectual Disabilities*, v. 28, n. 6, p. 548-560, 2015.

ELSTER, N.; PARSI, K. (Eds.). *Transitioning to Adulthood with Autism: Ethical, Legal and Social Issues*. Springer, 2022.

ENNER, S. *et al.* Autism: considerations for transitions of care into adulthood. *Current opinion in pediatrics*, v. 32, n. 3, p. 446-452, 2020.

HARRIS, R. *Trauma-focused ACT: A practitioner's guide to working with mind, body, and emotion using acceptance and commitment therapy*. New Harbinger Publications, 2021.

HEDLEY, D. *et al.* Transition to work: Perspectives from the autism spectrum. *Autism*, v. 22, n. 5, p. 528-541, 2018.

HONG, E. R. *et al.* Functional living skills and adolescents and adults with autism spectrum disorder: A meta-analysis. *Education and Training in Autism and Developmental Disabilities,* v. 52, n. 3, p. 268-279, 2017.

HOWLIN, P.; ALCOCK, J.; BURKIN, C. An 8 year follow-up of a specialist supported employment service for high-ability adults with autism or Asperger syndrome. *Autism*, v. 9, n. 5, p. 533-549, 2005.

HUME, K.; LOFTIN, R.; LANTZ, J. Increasing independence in autism spectrum disorders: A review of three focused interventions. *Journal of autism and developmental disorders,* v. 39, p. 1329-1338, 2009.

KUHLTHAU, K. *et al.* Health-related quality of life in children with autism spectrum disorders: Results from the autism treatment network. *Journal of autism and developmental disorders*, v. 40, p. 721-729, 2010.

PARTINGTON, J.; MUELLER, M. *The Assessment of Functional Living Skills*. Califórnia, EUA: Behavior Analysis Incorporated, 2012.

VISMARA, L. A.; ROGERS, S. J. Behavioral treatments in autism spectrum disorder: what do we know? *Annual review of clinical psychology*, v. 6, p. 447-468, 2010.

WEHMAN, P.; SMITH, M. D.; SCHALL, C. *Autism and the Transition to Adulthood: Success beyond the classroom.* Brookes Publishing Company, 2009.

15

HABILIDADES SOCIAIS NA ADOLESCÊNCIA E NA VIDA ADULTA

Este capítulo tem o objetivo de explicitar como são entendidas as habilidades sociais em adolescentes e adultos, bem como em quais contextos são avaliadas e utilizadas em intervenção. Além disso, descreve-se como se dá a aplicação das habilidades sociais em adolescentes e adultos com transtorno do espectro autista.

ANA CAROLINA DE O. ESPANHA ROMEIRO

Ana Carolina de O. Espanha Romeiro

Contatos
ac.espanha@gmail.com
19 99103 1675

Graduou-se em Psicologia pela Universidade Paulista em 2011. É especialista em Terapia Analítico-comportamental e aprimorada em Terapia Comportamental para Crianças pelo Instituto de Terapia por Contingências de Reforçamento - ITCR, além de ser pós-graduada em Neuropsicologia pela Uniara e em Análise do Comportamento Aplicada ao Autismo pela UFSCar (Universidade Federal de São Carlos). Atualmente, cursa pós-graduação em Habilidades Sociais, pelo CBI of Miami. Foi acreditada pela ABPMC (Associação Brasileira de Psicologia e Medicina Comportamental) sob o número 003-2017. Sua atuação tem foco na abordagem analítico-comportamental, com atendimentos de crianças, adolescentes, adultos e idosos, além de orientação de pais e escolas. Ela atua com ABA junto a pessoas com desenvolvimento atípico, realizando supervisões domiciliares e em clínica, elaborando programas de ensino individuais e voltados para aquisição de repertórios comportamentais desejáveis e minimização de comportamentos indesejados, além de orientação escolar.

Para iniciar este capítulo, antes de tudo, é necessário compreendermos a noção de homem (aqui, homem refere-se a ser humano) como um ser amplo e diverso. A literatura indica que o homem é constituído em uma relação dialética com o social e com a história, sendo, ao mesmo tempo, único, singular e histórico. Entendemos, dessa forma, que indivíduo e sociedade não mantêm uma relação isomórfica entre si, mas uma relação de mediação, na qual um constitui o outro, sem que, com isso, cada um dos elementos perca sua identidade (AGUIAR, 2001).

Antes de tentar, de forma às vezes arbitrária e, considerando os mais diversos aspectos da vida individual e em sociedade, definir conceitos como adolescência e vida adulta, faz-se necessário entender como é comumente dividido o ciclo da vida, quais são as fases que o indivíduo experimenta entre o nascimento e a morte. A delimitação das fases da vida depende dos momentos em que acontece cada um desses eventos (CAMARANO, 2006).

Mais recentemente, essas idades ou fases foram subdivididas considerando-se as transformações econômicas, sociais, culturais e biológicas. Fala-se hoje, no mínimo, em sete fases: infância, adolescência, juventude, idade adulta ou madura, meia idade, terceira e quarta idades. Essa nova classificação separa a infância da adolescência e subdivide a idade adulta (CAMARANO, 2006). Descreverei a seguir, de forma resumida, as fases da adolescência e vida adulta, que são o foco deste capítulo.

Adolescência

Do latim *ad*, que significa "para" + *olescere*, que significa "crescer", isto é, "crescer para". A adolescência é definida como um período biopsicossocial que compreende, segundo a Organização Mundial de Saúde (OMS,1965), a segunda década da vida, ou seja, dos 10 aos 20 anos. Para o Estatuto da Criança e do Adolescente – ECA, o período vai dos 12 aos 18 anos (BRASIL, 2007). Em geral, a adolescência inicia-se com as mudanças corporais da puberdade e termina com a inserção social, profissional e econômica na sociedade adulta (FORMIGLI; COSTA; PORTO, 2000).

A adolescência é uma época de grandes transformações, as quais repercutem não só no indivíduo, mas em sua família e comunidade. Ao mesmo tempo que é proposta a universalidade do estágio da adolescência, observa-se que ela depende de uma inserção histórica e cultural, que determina, portanto, variadas formas de viver a adolescência, de acordo com o gênero, o grupo social e a geração (MARTINS; TRINDADE; ALMEIDA, 2003).

Vida adulta

Não existe um entendimento na literatura sobre qual evento marca a entrada da pessoa na vida adulta: independência financeira, saída da casa dos pais ou casar/constituir uma família. O conjunto dessas características pode resultar em transições diferentes e, muitas vezes, desiguais. Porém, existe certo entendimento segundo o qual a vida adulta se define pelas variáveis independência/autonomia e responsabilidade (CAMARANO, 2006). A legislação brasileira entende que a adolescência ocorre entre os 12 anos e 17 anos, 11 meses e 29 dias (BRASIL, 1990). Conclui-se, então, que, para efeitos legais, a vida adulta inicia-se aos 18 anos, 0 meses e 1 dia.

É importante ressaltar que tais definições referem-se ao desenvolvimento neuro-psicossocial típico e, em algumas esferas de comparação, ocorrem diferenças significativas em pessoas com TEA (Transtorno do Espectro Autista). Algumas dessas diferenças, tanto déficits quanto excessos comportamentais, serão trazidas ao longo deste capítulo.

Habilidades sociais: o que são?

Para entendermos a importância de se avaliar, treinar e aplicar as Habilidades Sociais (HS) a adolescentes e adultos, é necessário, primeiramente, definir, de forma genérica, o conceito em si.

De acordo com Del Prette (1996) habilidades sociais são "o estudo das relações interpessoais que compreendem assertividade, habilidades de comunicação, de resolução de problemas interpessoais, de cooperação e os desempenhos interpessoais próprios de algumas atividades profissionais" (p. 11). Caballo (1996, p. 6) chama de habilidades sociais "um conjunto de comportamentos emitidos por um indivíduo em um contexto interpessoal que expressa sentimentos, atitudes, desejos, opiniões ou direitos desse indivíduo de modo adequado à situação, respeitando esses comportamentos nos demais, e que geralmente resolve os problemas imediatos da situação enquanto minimizando a probabilidade de futuros problemas".

Através da análise das principais literaturas acerca do tema, definiram-se os termos norteadores, conforme especificados a seguir (DEL PRETTE, 2001; DEL PRETTE, 2006):

a) Desempenho social: qualquer comportamento que ocorre em uma interação social.
b) Habilidades sociais: classes de comportamentos sociais que compõem o repertório do indivíduo, as quais são requeridas para um desempenho socialmente competente. Alguns exemplos: manter contato visual, apresentar-se a alguém, expor um problema com clareza, expressar um sentimento. Em alguns momentos, o indivíduo dispõe de tais habilidades, porém não as utiliza por diversas razões, tais quais: ansiedade, dificuldade de discriminação de estímulos, dificuldade na generalização do aprendizado. Os três exemplos citados são amplamente encontrados na comunidade de pessoas com TEA.
c) Competência social: é um tipo específico de desempenho social que produz o melhor efeito no sentido de atingir objetivos, manter ou melhorar a qualidade da relação e da autoestima, equilibrar reforçadores e assegurar ou ampliar direitos humanos básicos (DEL PRETTE, 1999). Citando Del Prette (1999, p. 31): "na dinâmica das interações, as habilidades sociais fazem parte dos componentes de um desempenho social. A competência social qualifica a proficiência desse desempenho e se refere à capacidade do indivíduo de organizar pensamentos, sentimentos e ações em função de seus objetivos e valores articulando-os às demandas imediatas e mediatas do ambiente".
d) Assertividade: é o exercício dos próprios direitos e a expressão de qualquer sentimento com controle da ansiedade, sem ferir os direitos dos outros (ALBERTI, EMMONS, 1989).
e) Automonitoria: habilidade de observar, descrever, interpretar e regular os próprios pensamentos, sentimentos e comportamentos em uma situação social (DEL PRETTE, 2001).
f) Demanda da situação: o termo demanda refere-se à ocasião ou oportunidade em que, conforme as normas da cultura e a avaliação das consequências, a emissão de certos desempenhos sociais é esperada ou desejada e a de outros não (DEL PRETTE, 2001).

Por óbvio, os conceitos citados acima não englobam ou esgotam todos os aspectos teóricos acerca desse tema, porém permitem uma compreensão geral desse campo. Algumas premissas, entretanto, podem ser elencadas e explicitadas das seguintes formas (DEL PRETTE, 2001):

1. Habilidades sociais são denominações dadas a desempenhos ou classes comportamentais entre pessoas.
2. Habilidades sociais são aprendidas, ou seja, elas não possuem um caráter inato e não podem ser entendidas como traços de personalidade.
3. Habilidades sociais possuem uma determinação cultural. Assim, espera-se do adulto certos desempenhos interpessoais diferentes dos da criança ou do adolescente.
4. As habilidades sociais são situacionais; sendo assim, desempenhos similares podem contribuir para a competência social em uma situação e em outra não.
5. Um repertório refinado e complexo de habilidades sociais pode ser considerado como condição necessária, porém não suficiente, para a competência social. Uma gama de fatores pessoais, tais como crenças, valores, planos e metas interferem, dificultando ou facilitando o desempenho das habilidades sociais e a competência social.

Abaixo, transcrevo tanto conceitos quanto exemplos da proposta de classes e subclasses de habilidades sociais de Del Prette (2005), consideradas de grande relevância na infância, mas que servem como base para avaliação de repertório de adolescentes:

- Autocontrole e expressividade emocional: reconhecer e nomear as emoções próprias e dos outros, falar sobre emoções, acalmar-se, tolerar frustrações.
- Civilidade: cumprimentar pessoas, usar expressões como "por favor", "obrigado", fazer e aceitar elogios, seguir regras ou instruções.
- Empatia: observar, prestar atenção, ouvir e demonstrar interesse pelo outro, reconhecer/inferir sentimentos de terceiros, oferecer ajuda, compartilhar.
- Assertividade: falar sobre as próprias qualidades e defeitos, concordar ou discordar de opiniões, fazer e recusar pedidos.
- Fazer amizades: fazer e responder perguntas pessoais, oferecer informação, apresentar-se, oferecer ajuda, iniciar e manter conversação.
- Solução de problemas interpessoais: acalmar-se diante de uma situação-problema, pensar antes de tomar decisões.
- Habilidades sociais acadêmicas: seguir regras ou instruções orais, prestar atenção, imitar comportamentos socialmente competentes, cooperar.

A relevância em avaliar o repertório de habilidades sociais em adultos se justifica de forma ampla e extensa, dada a sua relação com a saúde física e mental, satisfação pessoal, realização profissional e a qualidade de vida (DEL PRETTE, 2016). Alguns estudos concluíram que pessoas socialmente competentes apresentam relações pessoais e profissionais mais bem-sucedidas, aceitáveis e longínquas, além de melhor saúde física e mental (BANDEIRA; TRAMBLEY, 1998).

Estudos (BANDEIRA, TRAMBLEY, 1998) demonstram que adultos com transtornos mentais que envolvam principalmente problemas de comunicação e de relações interpessoais (inadequação social) possuem maior tendência a comprometimentos na área de habilidades sociais. Além disso, fatores como busca por uma posição no mercado de trabalho, expectativa da sociedade sobre autonomia financeira, casamentos e filhos estão diretamente ligados à necessidade de ajustamento social.

Para treino de habilidades sociais na vida adulta, Del Prette (2016) propôs uma organização das principais classes e subclasses de HS, que podem nortear a avaliação e aplicação das competências sociais já descritas neste capítulo: habilidades sociais de comunicação (iniciar, manter e encerrar uma conversa, obter e dar *feedback*), de civilidade (agradecer, dizer "por favor", cumprimentar e despedir-se), de assertividade, direito e cidadania (concordar, discordar, fazer, aceitar e receber pedidos, estabelecer relacionamento afetivo/sexual), empáticas (refletir e expressar apoio), de trabalho (coordenar grupo, resolver problemas, tomar decisões e mediar conflitos) e de expressão de sentimento positivo (expressar solidariedade e fazer amizades).

Por que avaliar e treinar habilidades sociais em adolescentes e adultos com TEA?

É sabido que umas das principais características do Transtorno do Espectro Autista é o déficit persistente na comunicação social, englobando aspectos como limitação na reciprocidade social e emocional, limitação nos comportamentos de comunicação não verbal utilizados para interação social e limitação em iniciar, manter e entender relacionamentos, além de dificuldades com adaptações de comportamento e déficits no ajustamento em diversas situações sociais (APA, 2014).

Adolescentes e adultos no espectro autista têm interpretações muitas vezes errôneas de como são entendidos por outras pessoas; além disso, o indivíduo com TEA, ainda que com habilidades cognitivas preservadas, possui a tendência de se isolar (GADIA; TUCHMAN; ROTTA, 2004). Alguns estudos já levantaram dados identificando que pensamentos suicidas, tentativas de suicídio e o suicídio consumado podem ocorrer em adolescentes e adultos jovens nessa condição. É de extrema importância mencionar que o nível de comprometimento das características do autismo é uma variável significativa para o suicídio (CULPIN et al., 2018).

Segundo estudo de Cassidy *et al.* (2014), as principais razões associadas ao suicídio em jovens e adultos com TEA são a depressão, déficit de atenção e hiperatividade e transtorno obsessivo-compulsivo.

O estudo de Richards *et al.*, (2019) mostrou que existem algumas razões que predispõem o suicídio em pessoas com TEA, tal como: a inflexibilidade de pensamentos, que diminuem as possíveis ações alternativas frente ao suicídio, além de dificuldades na interpretação empática, podendo ser mais difícil entender o impacto emocional da própria morte na vida das outras pessoas (SANTOS, 2019). Pessoas no espectro que possuem características mais severas estão mais propensas à depressão, à ausência de relações interpessoais e muitas entendem que se tornaram um fardo para os outros. Tais precedentes relacionados entre si aumentam o risco de tentativa de suicídio (PELTON; CASSIDY, 2017).

Com tudo isso, conclui-se que o olhar aos cuidados de saúde mental das pessoas com TEA tem sido ampliado nos últimos tempos, pois este grupo está cada vez mais vulnerável a transtornos de ansiedade, depressão e ao suicídio. A avaliação e o treino em habilidades sociais possibilita o levantamento prévio de antecedentes e predisposições referentes aos déficits e excessos comportamentais do indivíduo, o planejamento de procedimentos de intervenção, com caráter terapêutico e/ou educacional, e a aplicação de estratégias voltadas para a promoção de habilidades sociais e para a solução de problemáticas ou conflitos interpessoais (DEL PRETTE, 2008).

Referências

AGUIAR, W. M. J. Consciência e atividade: categorias fundamentais da psicologia sócio-histórica. *In:* BOCK, A. M. B.; GONÇALVES, M. G. M.; FURTADO, O. (Orgs.). *Psicologia sócio-histórica: uma perspectiva crítica em psicologia.* São Paulo: Cortez, 2001, p. 97-110.

ALBERTI, R. E.; EMMONS, M. I. *Your perfect right: a guide to assertive living.* San Luis Obispo: Impact Publishers, 1989.

AMERICAN PSYCHIATRIC ASSOCIATION (APA). *Manual diagnóstico e estatístico de transtornos mentais: DSM-5.* 5. ed. Porto Alegre: Artmed, 2014.

BANDEIRA, M.; TREMBLAY, L. Competência social de psicóticos: um estudo de validação social. *Jornal Brasileiro de Psiquiatria*, v. 47, n. 4, p. 185-192, 1998.

BRASIL. Lei nº 8.069, de 13/07/1990. Estatuto da Criança e do Adolescente (ECA), 1990.

BRASIL. Estatuto da criança e do adolescente (ECA). Coordenação de Brasília: Senado Federal. Edições Técnicas, 2007.

CABALLO, V. E. O treinamento em habilidades sociais. *In:* CABALLO, V. E. (Org.). *Manual de técnicas de terapia e modificação do comportamento*. São Paulo: Santos Livraria Editora, 1996, p. 3-42.

CAMARANO, A. M. *Transição para a vida adulta ou vida adulta em transição?* Rio de Janeiro: Ipea, 2006.

CASSIDY, S. *et al.* Suicidal ideation and suicide plans or attempts in adults with Asperger´s syndrome attending a specialist diagnostic clinic: a clinical cohort study. *Lancet Psychiatry,* v. 1, p. 142-47, 2014.

CULPIN, I. *et al.* Autistic traits and suicidal thoughts, plans, and self-harm in late adolescence: population-based cohort study. *Journal of the American Academy of Child & Adolescent Psychiatry,* v. 57, n. 5, p. 313-320, 2018.

DEL PRETTE, Z. A. P.; DEL PRETTE, A. *Inventário de Habilidades Sociais (IHS-Del-Prette): manual de aplicação, apuração e interpretação.* São Paulo: Casa do Psicólogo, 2016.

DEL PRETTE, Z. A. P.; DEL PRETTE, A. *Psicologia das habilidades sociais: terapia e educação.* Petrópolis: Vozes, 1999.

DEL PRETTE, Z. A. P.; DEL PRETTE, A. *Psicologia das habilidades sociais na infância: teoria e prática.* Petrópolis: Vozes, 2005.

DEL PRETTE, Z. A. P.; DEL PRETTE, A. Psicologia educacional, forense e com adolescente em risco: Prática na avaliação e promoção de habilidades sociais. Avaliação Psicológica: *Interamerican Journal of Psychological Assessment,* v. 5, n. 1, p. 99-104, 2006.

DEL PRETTE, Z. A. P.; DEL PRETTE, A. Habilidades sociais: uma área em desenvolvimento. *Psicologia: Reflexão e Crítica,* v. 9, n. 2, p. 287-389, 1996.

DEL PRETTE, Z. A. P.; DEL PRETTE, A. Significância clínica e mudança confiável na avaliação de intervenções psicológicas. *Psicologia: teoria e pesquisa,* v. 24, p. 497-505, 2008.

FORMIGLI, V. L. A.; COSTA, M. C. O.; PORTO, L. A. Evaluation of a comprehensive adolescent health care service. *Cadernos de Saúde Pública*, v. 16, p. 831-841, 2000.

GADIA, A. C.; TUCHMAN, R.; ROTTA, T. N. Autismo e doenças invasivas de desenvolvimento. *Jornal de Pediatria*, v. 1, p. 83-94, 2004.

MARTINS, P. de O.; TRINDADE, Z. A.; ALMEIDA, Â. M. de O. O ter e o ser: representações sociais da adolescência entre adolescentes de inserção urbana e rural. *Psicologia: Reflexão e crítica,* v. 16, p. 555-568, 2003.

MURTA, S. G.; DEL PRETTE, A.; NUNES, F. C.; DEL PRETTE, Z. A. P. Problemas em la adolescencia: Contribuciones del entrenamiento en habilidades sociales. *In:* RÍOS, M. R. *Manual de intervención psicológica para adolescentes: Ámbito de la salud y educativo* (Unidad 1, cap. 2). Bogotá, Colômbia: PSICOM Editores, 2007.

ORGANIZAÇÃO MUNDIAL DA SAÚDE (OMS). *Problemas de la salud de la adolescencia.* Informe de un comité de expertos de la OMS (Informe técnico 308). Genebra, Suíça: WHO, 1965.

PELTON, M. K.; CASSIDY, S. A. Are autistic traits associated with suicidality? A test of the interpersonal-psychological theory of suicide in a non-clinical young adult sample, *Autism Research,* v. 10, p. 1891-1904, 2017.

RICHARDS, G. et al. Autistic traits in adults who have attempted suicide. *Molecular Autism*, v. 1, p. 10-26, 2019.

SANTOS, J. E. S. *Tentativa de suicídio em jovens e adultos com transtorno do espectro autista (TEA): uma revisão sistemática.* Lagarto, SE: UFS, 2019.

16

SEXUALIDADE E TEA

Sexualidade ainda é um tema considerado tabu, o que se torna ainda mais evidente ao tratar de neurodiversidade. O objetivo deste capítulo é mostrar a importância de se abordar o assunto pelos terapeutas e familiares desde a primeira infância, como forma não só de promoção de saúde, de diminuição de vulnerabilidade e prevenção de violências e abuso, mas também de se proporcionar qualidade de vida e autoestima.

MAYTÊ AMORIM

Maytê Amorim

Contatos
maytemayara@gmail.com
Instagram: mayteamorim
11 99261 2871

Graduada em Psicologia pela Universidade Federal de São Paulo - UNIFESP (2016); formada em Terapia Cognitivo-comportamental pelo AMBAN - IPq - USP (2016) e pós-graduanda em ABA para Autismo e Deficiência Intelectual e Sexualidade Humana, ambos pelo CBI. Se interessa e estuda sexualidade, buscando conhecimento na área desde sua infância. Atua com crianças e adolescentes desde a graduação, e com desenvolvimento atípico desde 2019. É apaixonada pelo que faz, com objetivo de promover autonomia e qualidade de vida às famílias e aos indivíduos que atende.

Sexualidade ainda é um tema considerado tabu, sendo pouco abordado socialmente. Há muitos mitos e preconceitos envolvendo o tema, o que se torna ainda mais evidente ao se tratar de neurodiversidade. Neste texto, será abordada mais especificamente a relação entre a sexualidade e o Transtorno do Espectro Autista (TEA).

As pessoas no TEA apresentam dificuldades de desenvolver, manter e compreender relacionamentos. Conforme Del Prette e Del Prette (2005), o repertório de um indivíduo é composto por classes específicas de comportamentos – as habilidades sociais – que lhes permitem lidar de forma competente com as demandas de situações interpessoais, favorecendo um relacionamento saudável e produtivo com outras pessoas.

No TEA, essas habilidades são deficitárias, como descrito no DSM-5 (APA, 2014) e por isso o treino delas sempre deve estar em foco pelas famílias e terapeutas. No entanto, muitas vezes a sexualidade é desconsiderada dentre as habilidades sociais que podem e devem ser ensinadas, sendo tratada somente quando o indivíduo entra na puberdade e começa a apresentar comportamentos considerados inadequados ao contexto, como no caso da masturbação excessiva e/ou de forma pública.

A sexualidade é compreendida pela OMS (2020) como bem-estar físico, emocional, mental e social, englobando aspectos não só reprodutivos, mas também a possibilidade de se ter experiências sexuais seguras e prazerosas, sem coerção, discriminação e violência. É, então, um aspecto importante do desenvolvimento saudável e da adaptação adulta geral para todos os indivíduos ao longo de suas vidas.

Segundo o Estatuto da Criança e do Adolescente (1991), que consolida os direitos básicos da população infantojuvenil, considera-se criança a pessoa até doze anos de idade incompletos, e adolescente aquela entre doze e dezoito anos de idade, aplicando-se excepcionalmente às pessoas entre dezoito e vinte e um anos de idade nos casos expressos nessa lei.

Sendo compreendida entre a infância e a fase adulta, a adolescência é marcada por um complexo processo de crescimento e desenvolvimento biopsicossocial. Durante a transição de fases, marcada pela puberdade, são notáveis as alterações físicas e biológicas vivenciadas, o que, por vezes, evidencia ainda mais os atrasos no desenvolvimento dos indivíduos no espectro. É essencial levar em conta todas as mudanças advindas desse período, por isso é importante ressaltar que os critérios biológicos, psicológicos e sociais também devem ser considerados na abordagem terapêutica.

Garantir uma educação sexual que leve em consideração o desenvolvimento e as habilidades do indivíduo, desde a primeira infância, é visto muitas vezes com receio por parte dos profissionais e familiares, mas, ao contrário da crença popular de que trabalhar com informação é estimular obscenidade, temos que considerar que proporcionar conhecimento é promover autonomia e proteção, diminuindo os riscos de serem vítimas de violência e abuso, e aumentando sua autoestima e qualidade de vida.

Como resultado de consensos internacionais, metas foram estabelecidas e consolidadas na constituição e em leis instituindo:

a. É dever da família, da comunidade, da sociedade em geral e do Poder Público assegurar, com absoluta prioridade, as medidas de proteção e a efetivação dos direitos referentes à vida, à saúde.
b. Todas as oportunidades e facilidades, a fim de facultar o desenvolvimento físico, mental, moral, espiritual e social, em condições de liberdade e de dignidade, devem ser asseguradas.
c. Direito à liberdade, ao respeito, à igualdade e à dignidade como pessoas humanas em processo de desenvolvimento e como sujeitos de direitos civis, humanos e sociais garantidos, sem distinção de raça, sexo, orientação sexual, religião ou qualquer outra forma de discriminação.
d. Um meio ambiente saudável para promoção de sua saúde, com acesso à assistência integral à saúde, incluindo a prevenção de doenças e de violências.
e. Colocá-los a salvo de toda forma de negligência, discriminação, exploração, violência, crueldade e opressão.
f. Decidir livremente e responsavelmente sobre a própria vida sexual e reprodutiva.
g. Acesso à informação.

A Lei de Diretrizes e Bases da Educação Nacional (BRASIL, 1996) estabelece nos Parâmetros Curriculares Nacionais o tema Educação para a Saúde como obrigatório, a ser tratado de forma transversal por todas as áreas.

Sendo assim, com uma prática pautada ética e legalmente, tendo embasamento teórico e de maneira a garantir a manutenção dos direitos, o profissional de saúde e os responsáveis legais têm o dever de promover educação sexual.

São muitas as possibilidades de se incluir sexualidade no dia a dia e na rotina de ensino proposta em clínica, escola e em casa. O enfoque de risco, em particular, que as pessoas tendem a associar a esses repertórios como: gravidez de risco, risco de contrair ISTs e risco de violência acabam por inviabilizar outros aprendizados necessários e importantes ou, muitas vezes, pular etapas de ensino que propiciem também esses tópicos.

No dia a dia, aproveitar as oportunidades de ensino de maneira lúdica, desde a primeira infância, e aproveitar as brincadeiras e conversas cotidianas são formas eficazes e simples de abordarmos o tema. Exemplo disso é ensinar a criança que se ela disser "não", as cócegas não continuarão, pois isso seria invadir seu espaço e desrespeitar o seu corpo sem ter seu consentimento; durante o banho, ensinar os nomes das partes do corpo; tipos de toque que podem ou não ser feitos e por quem podem ser feitos, durante as brincadeiras.

Portanto, é de grande importância levar em conta o tema sexualidade pelos terapeutas, educadores e familiares como forma não só de promoção de saúde, como de diminuição de vulnerabilidade e prevenção de violências e abuso, proporcionando qualidade de vida e autoestima, além do bem-estar sexual, que envolve mais do que comportamento com um(a) parceiro(a). Inclui também conhecimento sexual, autovisão, pensamentos, sentimentos e atitudes, bem como comportamentos sexuais solitários.

Dentre as diversas outras formas de trabalho possíveis para trabalhar com educação sexual em ambiente clínico, podemos citar:

- Nomeação e identificação de expressões faciais.
- Como se proteger nas redes sociais e/ou ambientes públicos.
- Tipos de relacionamento interpessoal (amizade, namoro, casamento) e quais os comportamentos comuns de cada um deles.
- Regras sociais da paquera, namoro etc.
- Identidade de gênero e orientação sexual.
- Uso de preservativos e prevenção de ISTs e gravidez.
- Masturbação e sexo.

Além disso, é importante considerar que características secundárias do TEA também podem afetar o funcionamento sexual, como a dificuldade de modular a entrada sensorial, que pode resultar em hipersensibilidade, tornando o toque físico desagradável; ou hipossensibilidade, resultando em dificuldade de se excitar e atingir o orgasmo. Por isso, é essencial que todas as características sejam consideradas no planejamento e ensino.

Não podemos deixar de abordar a questão do sigilo, garantido em lei no código penal e nos diversos códigos de ética profissionais, independente da idade do indivíduo assistido. É essencial que o segredo seja mantido, preservando o contrato e a confiança estabelecida entre terapeuta e cliente, salvo quando a não revelação possa acarretar danos ao paciente, como casos de risco de vida ou outros riscos relevantes para o próprio ou para terceiros.

Nesse sentido, mais uma vez o trabalho deve ser pautado considerando-se: (1) as dificuldades para o enfrentamento de algumas questões, encorajando o cliente a envolver a família no acompanhamento dos seus problemas, já que os pais ou responsáveis têm a obrigação legal de proteção e orientação de seus filhos ou tutelados; (2) quebra do sigilo feita pela equipe de saúde juntamente com o adolescente e fundamentada no benefício real para pessoa assistida, e não como uma forma de "livrar-se do problema"; (3) no caso de se verificar que a comunicação irá causar um dano maior, a quebra do sigilo deve ser decidida somente pela equipe de saúde, com as cautelas éticas e legais.

Salienta-se que, por se tratar de um tema considerado delicado, no qual muitas vezes os indivíduos com deficiência sofrem capacitismo, pode-se haver resistência e é extremamente importante incluir as famílias, orientando-as e realizando um trabalho em conjunto, levando em conta e acolhendo suas crenças e receios, para garantir a efetividade das ações propostas.

Em um estudo de revisão, Schöttle *et al.* (2017) trazem uma visão geral em que avaliaram diferentes aspectos da sexualidade em adultos jovens e idosos com autismo, relatando que esses indivíduos tinham o comportamento sexual afetado de acordo com o nível de conhecimento ao qual tiveram acesso, comprovando-se mais uma vez a importância de se trabalhar o tema.

Assim, consequentemente, é imprescindível promover autonomia, equidade e garantir direitos de indivíduos que podem ser estigmatizados por suas condições, dentre elas, o TEA. Além disso, é imprescindível proporcionar maior inclusão através da participação plena e igualitária, como exercício de cidadania, suscitando maior independência e participação ativa na sociedade.

Referências

ADDIS, M. E.; MAHALIK, J. R. Men, masculinity, and the contexts of help seeking. *American psychologist*, v. 58, n. 1, p. 5, 2003.

AMERICAN PSYCHIATRIC ASSOCIATION (APA). *Manual diagnóstico e estatístico de transtornos mentais: DSM-5*. 5. ed. Porto Alegre: Artmed, 2014.

BRASIL. *Atenção à saúde, área de saúde do adolescente e do jovem*. Brasília: Editora do Ministério da Saúde, 2007. 60.

BRASIL. Constituição da República Federativa do Brasil: promulgada em 5 de outubro de 1988. 4. ed. São Paulo: Saraiva, 1990.

BRASIL. *Estatuto da criança e do adolescente*. Lei 8.069/90. São Paulo: Atlas, 1991.

BRASIL. *Estatuto da pessoa com deficiência*. Lei 13.146, de 6 de julho de 2015.

BRASIL. *Lei de Diretrizes e Bases da Educação Nacional*. Lei 9.394, de 20 de dezembro de 1996.

BRASIL. *Lei do Planejamento Familiar* – Lei 9.263, de 12 de janeiro de 1996.

BRASIL. *Lei Orgânica da Saúde*. Lei 8.080, de 19 de setembro de 1990.

BRASIL. *Marco legal: saúde, um direito de adolescentes*. Ministério da Saúde. 2006.

BRASIL. *Pacto Internacional dos Direitos Civis e Políticos*. Decreto 592, de 6 de julho de 1992.

BRASIL. BRASIL. *Recomendação Geral 4, Comitê de Direitos da Criança*. 6 de junho de 2003.

BYERS, E. S. *et al.* Sexual well-being of a community sample of high-functioning adults on the autism spectrum who have been in a romantic relationship. *Autism*, v. 17, n. 4, p. 418-433, 2013.

CORREA, S. Implementando o Cairo: avanços no olho do furacão. *Cadernos do Observatório*, a. 2, n. 1, p. 79, mar. 2000.

DEL PRETTE, Z. A. P.; DEL PRETTE, A. *Psicologia das habilidades sociais na infância: teoria e prática*. Petrópolis: Vozes, 2005.

ORGANIZAÇÃO MUNDIAL DA SAÚDE – OMS. Saúde sexual, direitos humanos e a lei. Universidade Federal do Paraná – Porto Alegre: UFRGS, 2020.

SCHÖTTLE, D. *et al.* Sexuality in autism: hypersexual and paraphilic behavior in women and men with high-functioning autism spectrum disorder. *Dialogues in clinical neuroscience*, 2022.

UNFPA. *Direitos da população jovem: um marco para o desenvolvimento*. 2010.

17

COMUNICAÇÃO AUMENTATIVA E ALTERNATIVA (CAA)

PARTE 2

Caro leitor, tivemos o prazer de nos encontrar no primeiro volume desta obra. Este capítulo é uma continuidade de meu capítulo do volume anterior e abordará esse tema a fim de expandir e trazer mais conhecimentos no campo da comunicação aumentativa e alternativa (CAA) com possibilidades para além do PECS (Sistema de comunicação por troca de figuras). Espero que você tenha uma excelente leitura e que a CAA abra suas ideias para tantas possibilidades comunicativas e que você possa proporcionar momentos de comunicação para qualquer pessoa.

CARINE CRUZ FERREIRA DE SOUZA

Carine Cruz Ferreira de Souza

Contatos
www.carinefono.com
carineferreira_fono@yahoo.com.br

Fonoaudióloga; mestre em Ciências nos Distúrbios da Comunicação Humana; especialista em Linguagem e Fala; especialista em Intervenções Precoces no TEA; aprimoramento em Apraxia de Fala na Infância; aprimoramento em Análise do Comportamento Aplicada; diretora clínica; sócia-proprietária da Psico & Fono Sim - Clínica Integrada.

O que é comunicação?

Segundo a Associação Americana de Fonoaudiologia (ASHA, [s.d.]), a comunicação é o processo ativo de troca de informações e ideias, envolvendo também sua compreensão e a expressão. As formas de expressão podem incluir movimentos personalizados, gestos, objetos, vocalizações, verbalizações, sinais, imagens, símbolos, palavras impressas e saída de dispositivos aumentativos e alternativos, ou seja: quando os indivíduos se comunicam de forma eficaz, eles são capazes de expressar necessidades, desejos, sentimentos e preferências que os outros possam entender.

Comunicação aumentativa e alternativa

A Comunicação Aumentativa e Alternativa (CAA) descreve várias maneiras de se comunicar que podem complementar ou compensar (temporariamente ou permanentemente) os padrões de deficiência e incapacidade de indivíduos com necessidades complexas de comunicação.

Necessidade complexa de comunicação é uma terminologia utilizada para designar crianças, jovens e adultos com severo transtorno de comunicação, cujas necessidades de apoio em comunicação sejam amplas e variadas e que demandem esforços estratégicos e/ou recursos diferenciados para se comunicar.

A CAA também pode envolver comunicação sem auxílio, como expressão facial, postura corporal, gestos ou linguagem de sinais, e modos de comunicação com auxílio (por exemplo, livros de comunicação, tablets). O modo ou modos apropriados de comunicação é/são determinados pelas necessidades do indivíduo com deficiência e seus parceiros de comunicação.

As evidências sugerem que não há pré-requisitos específicos (por exemplo, idade, cognitivo, linguístico, motor) para iniciar a CAA.

Um fonoaudiólogo pode ajudar a encontrar o sistema CAA ideal, já que nem todas as ferramentas funcionam para todas as pessoas. Isso significa que nenhum indivíduo deve ficar sem comunicação e todos devem ter acesso a sistemas de CAA que promovam uma comunicação eficaz.

Também é preciso esclarecer que a CAA constitui um sistema integrado de símbolos, recursos, técnicas e estratégias. Esses sistemas integrados se constroem de forma individualizada, respeitando as necessidades de cada usuário. Um profissional especializado na área ajudará na confecção e na escolha de elaboração da CAA, por exemplo: quais tipos de símbolos (imagens reais ou pictogramas) serão utilizados, uso de alta tecnologia (tablets) ou baixa tecnologia (papel plastificado com velcro), como o sistema será ensinado para tornar o aprendizado e o uso da CAA eficiente.

A escolha de um sistema de CAA requer consideração cuidadosa das habilidades, dos pontos fortes e das necessidades atuais de um indivíduo, mas é importante não restringir seu potencial.

As estratégias e os processos dinâmicos de avaliação permitem uma compressão ampla antes e enquanto os indivíduos estão aprendendo. Ampliando as possibilidades (a) para o uso dos diferentes símbolos, sistemas e modos de acesso; (b) para o uso dos contextos em que o indivíduo deve se comunicar; (c) das habilidades e suportes disponíveis para os parceiros; (d) do perfil do indivíduo, incluindo visão, audição, sensoriomotor, motivação, habilidades cognitivas, linguísticas, de alfabetização e modos atuais de comunicação.

Desmistificando a CAA

Você já deve ter se deparado com algumas falas do tipo: "A CAA impede ou atrasa o desenvolvimento da fala" ou "vamos esperar um pouco mais para inserir a CAA, pois ele não tem idade". Diariamente, nos deparamos com essas dúvidas e temos a possibilidade de desmistificar algumas delas agora.

- A CAA não atrasa nem impede o desenvolvimento da fala;
- Não há pré-requisitos para iniciar a CAA e não há uma certa idade para se beneficiar da CAA;
- A CAA pode ser utilizada por qualquer indivíduo que necessite de auxílio em sua comunicação;
- Não é somente o fonoaudiólogo que pode indicar e inserir a CAA;
- A CAA não deve ser o último recurso na intervenção.

Sistemas de CAA

Os sistemas de CAA não são iguais. Cada um tem características visuais e complexidades de representação diferentes.

Um estudo de Montenegro *et al.* (2022) descreveu que o uso de sistemas robustos de comunicação e a modelagem têm sido utilizados na prática clínica como estratégias terapêuticas no campo de CAA para sujeitos com necessidades complexas de comunicação, como é o caso das crianças com transtorno do espectro autista (TEA). O estudo descreveu também que o sistema robusto de CAA pode ser caracterizado como um sistema com pictogramas selecionados com base nos conceitos de ***core words*** e ***fringe words***.

Core Words (palavras essenciais): integram um vocabulário composto por palavras nucleares da língua, que são em geral verbos, adjetivos, advérbios e pronomes e raramente substantivos. Essas palavras são altamente frequentes nas interações de modo geral.

Fringe words (palavras acessórias): representam os substantivos e uma gama de palavras mais atreladas a contextos específicos e de interesse do usuário de CAA.

A modelagem, nesse enquadre, concentra-se em dar destaque ao uso do vocabulário essencial em 80% do tempo e do vocabulário acessório em 20% do tempo nas interações.

Na cartilha "Comunicação aumentativa e alternativa", publicada no site da ISAAC Brasil (2022), é possível encontrar informações detalhadas e riquíssimas sobre a CAA. O ensino das palavras essenciais contribui para uma comunicação mais abrangente em diversos contextos do cotidiano do indivíduo. Usar este tipo de ensino é uma estratégia de *core* (do inglês, núcleo ou essência) que se concentra no uso de palavras essenciais da língua por meio dos símbolos. A modelagem e a imersão no uso destes símbolos no dia a dia se dão pela modelagem, como no PODD (*Pragmatic Organization Dynamic Display* – Pranchas dinâmicas com organização pragmática). A estratégia de *core* não possui um autor ou direitos autorais para seu uso.

PODD (*Pragmatic Organization Dynamic Display*)

O PODD é um sistema de comunicação abrangente e completo para indivíduos que não conseguem atender a todas as suas necessidades de comunicação apenas com a fala. A metodologia foi criada por Gayle Porter, no entanto, pode ser usado para pessoas que vivenciam qualquer condição. É um sistema de comunicação robusto, que tem como objetivo fornecer aos indivíduos múltiplas opções para comunicar suas próprias mensagens em todas as situações, com uma variedade de pessoas.

A forma como o vocabulário é organizado no PODD é influenciada pela pragmática da comunicação. Pragmática é como usamos a linguagem para nos comunicarmos com diferentes propósitos; como a interação e a conversa ocorrem e são interpretadas em diferentes contextos e interações sociais.

O PODD incorpora o uso de vocabulário básico com vocabulário de conteúdo (marginal), organizado de acordo com a função de comunicação e os requisitos de conversação.

É um sistema projetado para permitir que os usuários comuniquem suas próprias ideias e pensamentos autoiniciados e gerados.

O aprendizado dessa modalidade de CAA acontece por meio de modelagem constante do uso do livro em situações do cotidiano. Por esse motivo, é de fundamental importância que o indivíduo seja motivado a utilizar o PODD ao longo do dia, em todas as possibilidades possíveis de comunicação, para que ele aprenda o significado dos símbolos e amplie o uso das funções comunicativas.

No estudo de Pereira *et al.*, (2020) foi possível observar um aumento de 51,47% na produção de atos comunicativos nos participantes da pesquisa. Além disso, verificou-se que houve maior qualidade nos atos produzidos, incluindo o uso de componentes verbais mais presentes e a diminuição dos atos que possuíam funções não interpessoais, tais como os atos gestuais e vocais. Sendo assim, constatou-se uma evolução na linguagem funcional dos sujeitos.

O estudo de Montenegro *et al.*, (2022) concluiu que o uso da CAA robusta favoreceu o desenvolvimento de habilidades comunicativas receptivas, expressivas e comportamentais. Também concluiu que a vantagem do uso de um sistema robusto de CAA, em detrimento de outros sistemas mais restritos e focados em substantivos e itens de preferência da criança, possibilitou o acesso mais rápido ao vocabulário essencial, e forneceu ao usuário de CAA uma ferramenta mais completa para apoiar seu desenvolvimento sintático e morfológico, o que tornou possível a expressão de uma ampla variedade de ideias e funções comunicativas, como também forneceu acesso à estrutura gramatical robusta da língua.

Em resumo, este capítulo teve como objetivo apresentar outras formas de CAA que são de extrema importância no auxílio às pessoas com necessidades complexas de comunicação. A realidade é que nunca é cedo demais para incorporar a CAA à intervenção de linguagem e comunicação. A CAA não deve ser o último recurso, e sim uma primeira linha de intervenção que pode fornecer uma base sólida para o desenvolvimento da compreensão e produção da linguagem verbal.

O apoio e a participação dos pais é uma parte importante na introdução de um sistema de comunicação para um indivíduo. Alguns autores ressaltam a importância do conhecimento de profissionais e familiares sobre estas possibilidades, visando transpor barreiras que possam levar à diminuição das possibilidades de inserção social dos usuários. Tendo em vista o desconhecimento e o preconceito com a CAA, há necessidade de combatê-los entre os fonoaudiólogos, profissionais da saúde e da educação.

A falta de compreensão no uso da CAA pelos familiares pode ser explicada pelo lento processo de aceitação e compreensão de seu uso pelos pais, que se veem inundados de novas informações. Diante desses resultados, reforça-se a necessidade das orientações e vínculo profissional-família.

Há muito o que se estudar e aprender a respeito da comunicação aumentativa e alternativa.

Quebrar mitos e estereótipos acerca das formas alterativas de comunicação é uma tarefa diária. Proporcionar possibilidades de comunicação a todos os indivíduos com necessidades complexas de comunicação é um direito; e não podemos nos esquecer de que cada indivíduo é único e que existem várias formas de se comunicar. Pense fora da caixa e procure ajuda especializada!

Links para ampliar seus conhecimentos

www.cpec.org.au/podd

linktr.ee/fono.da.comunicacaoalternativa

assistiva.com.br

www.isaacbrasil.org.br

www.sbfa.org.br/campanha-comunicacao-suplementar-e-alternativa/pdf/faq.pdf

linktr.ee/comunicateapais

linktr.ee/materiaisadaptadosfabi

linktr.ee/fga.valeriasantos

Referências

ASHA – American Speech-Language-Hearing Association. *Augmentative and Alternative Communication* (AAC)., [s.d.] Disponível em: <https://www.asha.org/njc/aac/>. Acesso em: 07 jun. de 2023.

BEUKELMAN, D.; LIGHT, J. *Comunicação aumentativa e alternativa: apoio a crianças e adultos com necessidades complexas de comunicação.* 5. ed. Baltimore: Paul H. Brookes Publishing, 2020.

BEUKELMAN, D.; MIRENDA, P. *Comunicação aumentativa e alternativa: apoio a crianças e adultos com necessidades complexas de comunicação.* 4. ed. Baltimore: Paul H. Brookes Publishing.

CESA, C. C.; KESSLER, T. M. Comunicação alternativa: teoria e prática clínica. *Distúrbios da Comunicação*, v. 26, n. 3, 2014.

ISAAC-BRASIL. *Cartilha comunicação aumentativa e alternativa.* São Paulo, 2022. Disponível em: <https://www.isaacbrasil.org.br/uploads/9/7/5/4/97548634/cartilhacaafinalsab.pdf>. Acesso em: 30 maio de 2023.

MONTENEGRO, A. C. de A. *et al.* Uso de sistema robusto de comunicação alternativa no transtorno do espectro do autismo: relato de caso. *Revista CEFAC*, São Paulo, ano 2, v. 24, n. 11421, p. 1-11, 8 ago. 2022. DOI: <https://doi.org/10.1590/1982-0216/202224211421s>. Disponível em: <https://www.scielo.br/j/rcefac/a/fL5KM7NQ6yDtpqdNkPmYJqD/?format=pdf&lang=pt>. Acesso em: 11 jan. de 2023.

PEREIRA, E. T. *et al.* Comunicação alternativa e aumentativa no transtorno do espectro do autismo: impactos na comunicação. *CoDAS,* São Paulo, 2020, v. 32, n. 06. DOI: <https://doi.org/10.1590/2317-1782/20202019167>. Disponível em: <https://www.scielo.br/j/codas/a/QxhXpZ3jckz6K3dyCdb-VhXq/abstract/?lang=pt>. Acesso em: 4 jan. de 2023.

PORTER, G. Pragmatic organisation dynamic display (PODD) communication books: Direct access templates (A4/A5 paper version). Cerebral Palsy Education Centre, 2007.

ROMANO, N.; CHUN, R. Y. S. A comunicação suplementar e alternativa na percepção de familiares e fonoaudiólogos: facilitadores e barreiras. *CoDAS,* São Paulo, 2018, v. 30, n. 4. Disponível em: <https://doi.org/10.1590/2317-1782/20162017138>. Acesso em: 30 maio de 2023.

SELIGMAN-WINE, J. Supporting Families of Children Who Use AAC. *The ASHA Leader,* v. 12, n. 10, p. 17-19, 2007.

18

ATUAÇÃO FONOAUDIOLÓGICA NO AUTISMO

UMA PERSPECTIVA ALÉM DA LINGUAGEM ORAL

Sabe-se que atuação fonoaudiológica no transtorno do espectro autista é de vital importância; todavia, é pouco difundido o exercício do fonoaudiólogo em sua integralidade. Neste capítulo, os leitores reaverão diversos itinerários da fonoaudiologia no autismo além da linguagem oral.

HAIANE S. M. BERGGREN E MYLENE TRINDADE E SILVA

Haiane S. M. Berggren

Contatos
haianemartinsfono@gmail.com
lattes.cnpq.br/4238284339900036

Fonoaudióloga ABA, pós-graduada em Psicopedagogia e Análise do Comportamento Aplicada. Supervisora de ambulatório (Núcleo de Apoio e Inclusão Escolar) e pesquisadora do campo fonoaudiológico da Universidade Federal de São Paulo. Possui cursos de extensão nas áreas de CAA e Libras.

Mylene Trindade e Silva

Contato
mylenetrindade_fono@outlook.com

Fonoaudióloga graduada pela FUNORTE (2016), pós-graduada em Análise do Comportamento Aplicada para Pessoas com Autismo pelo Instituto Continuum, certificada pelo Método Boccar "Divertido falar". Certificada pelo Método PECS (Grupo Pirâmide). Aprimoramento em Avaliação Fonoaudiológica da Linguagem (Alcance Meeting). Aprimoramento em Disfagias Orofaríngeas (Sensorial consultoria). Coordenadora de casos em intervenção precoce de crianças com autismo.

Sabemos que a Fonoaudiologia é área da ciência que estuda diferentes aspectos da comunicação humana, assim como das funções estomatognáticas, isto é, a fala, a sucção, a mastigação, a deglutição e a respiração. Concebemos ainda que, tal como consta no CID-11, no TEA (Transtorno do Espectro Autista), pode haver um significativo comprometimento ou nenhum déficit da linguagem funcional. No contexto clínico, nos deparamos com alterações de linguagem que se caracterizam por relevantes atrasos ou ausência total desta competência.

São comumente observados no TEA déficits nas habilidades expressivas, pragmáticas e morfossintáticas, bem como na atenção compartilhada e em habilidades relacionadas à interação com o ambiente.

São acessíveis ao leigo os déficits comuns na comunicação da pessoa no TEA; entretanto, para que haja eficaz atuação do fonoaudiólogo e equipe na qualidade de seu paciente/cliente, é necessário atentar-se às suas singularidades, realizar uma triagem que atinja as mais diversas áreas de atuação é fundamental.

Para Fernandes *et al.*, (2020) a avaliação fonoaudiológica, nessa população, deve abranger os aspectos miofuncionais devido à prevalência de hábitos orais prejudiciais, tais quais: a sucção digital (chupar os dedos), roer unhas, chupar chupeta ou tomar na mamadeira após os dois anos de idade, por exemplo. Além da respiração oral e Apneia Obstrutiva do Sono (AOS), que é mais recorrente em indivíduos com TEA.

Sendo assim, não podemos falar da atuação fonoaudiológica no TEA sem antes falarmos de Respiração Oral (RO). A respiração oral é uma síndrome que se dá por múltiplas causas, entre elas, as mais reputadas são: amigdalite, adenoidite, popularmente conhecida como "carne esponjosa", além de desvio de septo, rinossinusite ou gripes frequentes.

Dentre numerosas implicações, algumas são determinantes em diversas demandas fonoaudiológicas, a se destacar, para Lima e Albuquerque (2019): disfunções sensoriais como alterações de olfato e paladar, alterações posturais, maloclusão dentária, distúrbios do sono, influências sobre o crescimento dos dentes e da face, causando problemas na deglutição e mastigação, alteração na produção de fonemas, voz hiponasal, modificações odontológicas como palato ogival (palato de fossa demasiadamente grande e estreita) e afunilamento maxilar. Além de infecções das vias aéreas superiores (ouvido, nariz e garganta), otite de repetição (CONTI, 2011), que por sua vez está associada ao transtorno de processamento auditivo central, também relacionado â dificuldade escolar.

A seguir, discorreremos acerca de algumas uma dessas demandas no TEA.

Motricidade orofacial e disfagia

Temos por motricidade orofacial a área da Fonoaudiologia que estuda os músculos, ossos, articulações, veias e nervos da região de cabeça e pescoço e as funções que compreendem essas regiões, o que chamamos de sistema estomatognático (fonação, articulação, respiração, sucção, mastigação e deglutição). Sendo a respiração determinante para o bom ou mau funcionamento das demais funções.

Dados da Organização Mundial da Saúde (OMS) revelam que 70% da população mundial não respiram pelo nariz; em pessoas com TEA, esse número aumenta consideravelmente. Sendo assim, as manifestações comumente tratadas nessa área são: hipotonia (flacidez) da região de face, principalmente de língua, lábios e bochechas, bem como as funções supracitadas. Para Lima *et al.*, (2022), crianças respiradoras orais têm maior predisposição para alterações na mastigação e deglutição devido às alterações sensoriais.

A atuação fonoaudiológica na mastigação e deglutição está direcionada à instauração ou restabelecimento do funcionamento adequado dessas funções, levando em consideração as características individuais de cada cliente, visto que os maiores impactos alimentares em crianças com autismo têm relação com a hipo ou hipersensibilidade oral e não com a falta da habilidade mastigatória (Melchior *et al.*, 2019).

O processo de ingestão do alimento segue uma classe de estímulos e respostas. Dizemos que a fase preparatória oral inicia-se quando o alimento é introduzido na boca e feita a trituração; este alimento é então posicionado no centro da língua e transportado pela faringe e esôfago até o estômago.

As principais alterações comumente encontradas no indivíduo com TEA que podem alterar esse processo são: má postura dentária, alteração na produção de saliva, hipo ou hipersensibilidade intraoral, flacidez de musculatura e incoordenação respiratória.

Para Melchior *et al.* (2019), as manifestações mais encontradas nas alterações de deglutição envolvem as preferências específicas na textura dos alimentos, dificuldade de perceber a quantidade de saliva na boca, causando o escape anterior (sialorreia), e dificuldade de perceber a presença do alimento dentro da boca, aumentando o volume do bolo alimentar.

Segundo Albuquerque *et al.* (2022), pode-se encontrar nesta população a presença de movimentação de cabeça, tensão de músculos faciais e escape de alimento no momento da deglutição, mastigação unilateral preferencial ou unilateral crônica. Comumente, há relação entre o processamento sensorial proprioceptivo (consciência do corpo) e o aspecto miofuncional de mobilidade dos órgãos fonoarticulatórios.

Voz, disfonia infantil e TEA

Disfonia é o termo que se refere a qualquer alteração vocal que afete a comunicação e a impeça de acontecer naturalmente, segundo Behlau (2001). As disfonias na infância podem ocorrer em ambos os sexos, havendo discreta prevalência nos meninos, e são caracterizadas por alterações na qualidade vocal, o que compromete a expressão tanto no aspecto verbal quanto emocional.

Em relação à etiologia da disfonia na infância, ela é diversa e multicausal. A causa mais frequente de disfonia na infância são as de ordem funcional, ou seja, disfonias relacionadas ao mau uso ou abuso vocal.

Embora os estudos acerca da voz no TEA ainda sejam raros, podemos encontrar na literatura recorrentes registros de manifestações que podem trazer desde prejuízos estéticos a danos à saúde da voz, como, por exemplo, alterações de ressonância, que se podem frequentemente ser hiponasais; *pitch* (altura), com a voz podendo estar excessivamente aguda ou grave; *loudness* (intensidade), quando a voz pode estar demasiadamente forte ou fraca. Comumente, há certa incoordenação pneumofonoarticulatória, articulação restrita e monotonia vocal. Para Bialer (2017), o grito gutural é uma manifestação comumente relatada por pais e familiares nessa população.

A reabilitação vocal nos quadros de disfonia infantil é um desafio ao fonoaudiólogo, principalmente na população com TEA, visto que existem os aspectos familiares envolvidos, os modelos vocais existentes em casa (que são referenciais para o indivíduo), a dificuldade de modular o comportamento da criança (que muitas vezes realiza o abuso vocal na emoção das brincadeiras ou mesmo em ajustes inadequados, imitando vozes de personagens). Essas variáveis acabam dificultando significativamente todo o processo. Ainda há muito o que se pesquisar em relação às disfonias infantis, também acerca das disfonias no TEA e de suas intervenções; todavia, de acordo com Berggren e Silva (2023), os estudos iniciais apontam para a reabilitação de disfonias não orgânicas, justificados pelo fato de que a maioria das disfonias infantis é de origem funcional ou organofuncional. A maioria dos estudos sobre a temática indica que a terapia vocal em disfonias infantis normalmente demanda exercícios realizados em casa, o que implica a importante adesão dos pais à terapia, além de orientação familiar.

Audiologia, PAC e desempenho escolar

Nosso trabalho na audiologia se inicia antes mesmo do diagnóstico de autismo e é certo que ambas as condições (perda auditiva e TEA) não são excludentes. Por vezes, esses diagnósticos podem se confundir, tendo em vista que o diagnóstico de TEA é multidisciplinar e com semelhanças comportamentais. Sendo assim, considerar aspectos neurofisiobiológicos é de suma importância.

Boa parte do sucesso terapêutico se inicia por uma boa entrevista clínica. Sendo assim, é indispensável, mesmo em um quadro de TEA, colher informações a respeito de exames, inclusive triagem auditiva neonatal (emissões otoacústicas e potenciais evocados de tronco encefálico), fazer imitanciometria, audiometria, obter informações sobre o comportamento auditivo e outros comportamentos, bem como realizar acompanhamento regular por meio de exames. Devemos lembrar que, quando falamos de desenvolvimento da comunicação no TEA, estamos falando em correr contra o tempo, e a audição não pode ser um empecilho para aquisição dessa habilidade.

Em caso de exames subjetivos, isto é, que dependem da resposta do indivíduo, como audiometria, seja lúdica, condicionada, audiometria tonal liminar, avaliação de processamento auditivo central ou similar, nosso trabalho está também em preparar o indivíduo previamente para que haja fidedignidade dos resultados coletados. Esses exames, muitas vezes, devem ser fracionados em dias. O auxílio de um assistente terapêutico ou terapeuta que tenha vínculo para o condicionamento da criança é bem-vindo.

Segundo Correa *et al.* (2011), pessoas com respiração oral apresentam desempenho inferior nas habilidades do processamento auditivo do que crianças com padrão respiratório inalterado. Há que se destacar, em estudo realizado, as habilidades de orelhas esquerda e direita competitiva, alteração relacionada à organização e integração auditiva, fechamento auditivo e padrão temporal.

Para Francesco *et al.*, (2007) crianças em idade escolar com respiração oral apresentam queixas de dificuldades escolares e de alfabetização, assim como crianças que apresentam alteração do processamento auditivo.

No que se refere às alterações de leitura, escrita e desempenho escolar, ainda não há consenso na comunidade fonoaudiológica se essas manifestações poderiam ser classificadas como transtorno de aprendizagem, entre ela a dislexia, a disgrafia, disortografia e a discalculia, ou se elas seriam decorrentes do próprio TEA. Em todo caso, essas manifestações existem e também é papel do fonoaudiólogo dar sua contribuição, independente de disputas terminológicas.

Desse modo, além da linguagem, é imprescindível o conhecimento das áreas de: voz, motricidade orofacial, disfagia, audiologia, leitura e escrita e o que mais for necessário.

Referências

BEHLAU, M. *A voz do especialista.* São Paulo: Livraria e Editora Revinter, 2001.

BIALER, M. M. A voz no autismo: uma análise baseada em autobiografias. *Estilos da Clínica*, v. 22, n. 2, p. 268-282, 2017.

CORREA, B. M *et al.* Análise das habilidades auditivas de crianças com respiração oral. *Revista CEFAC*, v. 13, p. 668-675, 2011

FERNANDES, J. C. *et al Respiração oral e apneia obstrutiva do sono em crianças com transtorno do espectro autista.* Semana de fonoaudiologia – Unicamp. 2020. Disponível em: <https://www.fcm.unicamp.br/semafon/sites/default/files/202104/respiracao_oral_e_apneia_obstrutiva_do_sono_em_criancas_com_transtorno_do_espectro_autista.pdf>. Acesso em: 12 jan. de 2023.

LIMA, A. C. D.; ALBUQUERQUE, R. C. Alterações sensoriais e motricidade orofacial. *In:* SILVA, H. J. *et al. Tratado de motricidade orofacial.* São José dos Campos: Pulso Editorial, 2019. p. 437-46.

LIMA, A. C. D. de *et al.* Relação do processamento sensorial e sistema estomatognático de crianças respiradoras orais. *CoDAS*. Sociedade Brasileira de Fonoaudiologia, 2021.

MELCHIOR, A. F. *et al.* Análise comparativa das funções de deglutição e mastigação em crianças de 3 a 9 anos com autismo e com desenvolvimento típico. *Distúrbios da Comunicação*, v. 31, n. 4, p. 585-596, 2019.

[illegible]

Referências

[illegible]

19

DESENVOLVIMENTO DA LINGUAGEM NO AUTISMO

A RELEVÂNCIA DO ENSINO DE SOLICITAÇÕES

As solicitações costumam ser a primeira forma de comunicação que aprendemos. Crianças com desenvolvimento neurotípico adquirem essa habilidade de linguagem sem muitos treinamentos, visto que são diretamente beneficiadas pela satisfação imediata de suas necessidades. Por outro lado, pessoas com autismo podem ter dificuldades de aprender como utilizar palavras com o objetivo de obter aquilo que desejam. Inclusive, parte dessas crianças pode desenvolver comportamentos inadequados como forma de comunicação. As pessoas com autismo sentem fome, sede, calor, frio e dor; desejam fazer escolhas; querem atenção; precisam de informações sobre o seu dia e suas atividades programadas; querem aliviar incômodos. Compreender isso é reconhecer que todos têm o direito de se comunicar e, sobretudo, reconhecer a dignidade de cada pessoa.

JULIANA BRAGANÇA ENZ E LIDIA DANIELA DA COSTA GONÇALVES

Juliana Bragança Enz

Contatos
julianaenz@hotmail.com
Instagram: @julianaenzfono

Fonoaudióloga especialista em Análise do Comportamento Aplicada (ABA) e em Educação Especial. Pós-graduanda em Fonoaudiologia em Autismo (CBI of Miami). Certificada em PRT – nível 1 (Pivotal Response Treatment) e sócia-fundadora da Clínica CATIVAR.

Lidia Daniela da Costa Gonçalves

Contatos
www.abamaisconsultoria.com
lidiadanielacg@gmail.com
Instagram: @fonolidia

Fonoaudióloga com mestrado na área de Tecnologia Assistiva para Pessoas com Deficiência (Universidade Federal de Itajubá - UNIFEI). Pós-graduada em Motricidade Orofacial, Intervenções Precoces para o Autismo, Autismo e Educação e Análise do Comportamento Aplicada (ABA). É Analista do Comportamento com certificação internacional (Internacional Behavior Analyst - IBA), pela Internacional Behavior Analysis Organization (IBAO).

Uma das características do Transtorno do Espectro Autista (TEA) é o déficit na comunicação, que pode assumir várias formas. As formas mais comuns são os atrasos na linguagem falada, a ausência da fala e a dificuldade em iniciar ou manter uma conversação. Pode ser ainda mais difícil para uma pessoa com autismo responder perguntas, cumprimentar pessoas, expressar suas necessidades, compartilhar interesses e fazer pedidos.

Talvez você conheça alguma pessoa que saiba o nome de vários dinossauros, mas que não pede água quando está com sede ou algum alimento quando está com fome. É um equívoco acreditar que, uma vez que consiga nomear itens diversos, ela seja capaz de solicitá-los.

Os pedidos/solicitações costumam ser a primeira forma de comunicação que os indivíduos apresentam. Pessoas com desenvolvimento neurotípico adquirem essa habilidade de linguagem rapidamente e sem muitas instruções, visto que são diretamente beneficiadas pela satisfação imediata de suas necessidades.

Por outro lado, indivíduos com autismo podem ter dificuldades de aprender como utilizar palavras com o objetivo de obter aquilo que desejam. Inclusive, parte deles podem desenvolver comportamentos problemas como forma de comunicação. Se a linguagem não se desenvolve da forma prevista, é razoável esperar que várias formas de comportamentos inapropriados ocorram.

As solicitações são muito importantes para o aprendizado da fala e para a interação social. Vamos compreender como se dá esse aprendizado: a princípio, considerando-se a sequência do desenvolvimento da linguagem, os pedidos são realizados por meio do choro até serem substituídos por gestos e, subsequentemente, por palavras.

Se você já teve a oportunidade de acompanhar o desenvolvimento de um bebê, deve ter notado que o choro desempenha um papel de solicitação, indicando fome, dor, necessidade de aconchego e outros. Precocemente, diversas formas de choro começam a emergir para motivações diferentes. Após essa fase, a criança começa a se utilizar de gestos, como o apontar ou estender os braços. Finalmente, emprega palavras para indicar seus desejos.

As primeiras palavras utilizadas são curtas e generalizadas, como: "dá" ou "quer". Em seguida, a criança começa a nomear o item desejado quando ele se encontra presente ("bola"). Depois, a criança aprende a fazer pedidos de uma forma mais complexa e clara, estando o item presente ou ausente, ampliando a estrutura linguística, tais como pedidos de informação ("O que é isso?"), pedidos de ação ("Abre, por favor"), pedidos de consentimento ("Posso ir?"), pedidos de objeto ("Me dá a bola?") e pedidos por interação social ("Faz cócegas!").

As habilidades de comunicação têm impacto direto na qualidade de vida da criança e sua família, considerando-se especialmente a importância da construção de relacionamentos sociais. Com habilidades de comunicação bem desenvolvidas, a criança pode ter mais facilidade em fazer amigos, conectar-se com seus colegas, manter relacionamentos e resolver conflitos. Além de permear as relações sociais, a linguagem permite que o indivíduo acesse o conhecimento acadêmico e artístico, favorecendo o processo de aprendizagem e a resolução de problemas.

A criança que possui um repertório adequado de habilidades comunicativas pode se sentir mais à vontade para compartilhar seus problemas e expressar seus sentimentos e seus desejos. Graças a isso, pais e professores podem compreendê-la melhor, auxiliando-a na hora certa. Dessa forma, podemos, até mesmo, reduzir comportamentos que consideramos socialmente inapropriados.

Comportamentos inadequados costumam ser uma maneira eficaz para que uma criança com repertório verbal limitado obtenha o que deseja. É comum que a criança aprenda esse tipo de comportamento rapidamente, pelo efeito imediato causado nos adultos. Esses comportamentos podem variar desde um choro até uma agressão ou autolesão.

A inabilidade ou falha em expressar as necessidades de forma vocal faz com que a criança desenvolva outras maneiras de acessar os itens, lugares e ações desejadas. Por exemplo, uma criança que quer uma bola, pode chorar na presença da bola. Como dissemos anteriormente, como esse tipo de comportamento costuma afetar os adultos imediatamente, é provável que alguém ofereça o acesso à bola naquele momento. Quanto mais isso acontece, mais esse aprendizado é reforçado, fazendo com que a criança aprenda a se comunicar de forma inadequada.

Crianças com autismo sentem fome, sede, calor, frio e dor; desejam fazer escolhas; querem atenção; precisam de informações sobre o seu dia e suas atividades programadas; precisam que estímulos aversivos sejam removidos. Compreender isso e conseguir visualizar as necessidades da criança permite que o adulto capture oportunidades para ensinar topografias apropriadas, seja por meio da fala, de gestos ou de algum sistema alternativo de comunicação.

Para além disso, comunicar-se é um direito de todos. Quando reconhecemos verdadeiramente esse direito, estamos também reconhecendo e respeitando a dignidade de cada pessoa.

Mas, afinal, o que é solicitar?

Solicitar é pedir, sugerir ou exigir algo que o indivíduo necessita ou deseja. Isso pode ser um item, uma atividade, uma informação, atenção social ou mesmo um pedido de ajuda. Se eu desejo água, posso solicitar água. Se eu desejo atenção, posso pedir para que alguém olhe para mim e me escute. Se eu quiser saber as horas, posso perguntar que horas são.

Também posso solicitar a remoção de um item ou que uma atividade indesejável seja encerrada.

É importante compreender que a solicitação está sujeita a dois controles: a motivação (o que a pessoa deseja) e o reforço específico (o que a pessoa obtém). Vamos pensar em uma criança que, estando em uma sala de terapia, deseja sair daquele espaço (motivação). O reforço específico, nesse caso, seria ter a porta da sala aberta.

Tendo entendido a questão do controle das solicitações, que ocorre por meio do antecedente "motivação" e da consequência "reforço específico", é hora de compreender como essas solicitações podem ser realizadas. E a isso acrescentamos um termo muito utilizado por analistas do comportamento: topografia, que nada mais é do que a forma com que essa solicitação pode ocorrer.

Voltemos ao exemplo da criança que quer sair da sala de terapia. Como essa solicitação pode ser realizada? A criança pode olhar para a porta e depois para você, pode dizer "abre a porta" ou "quero sair", pode chorar, pode te empurrar em direção à porta. Todas essas respostas podem ser consideradas solicitações, se houver uma relação de controle entre a motivação e o reforço específico. A comunicação não se restringe às palavras, uma vez que podemos encontrar muitas e diferentes topografias para as solicitações: fala, gestos, postura corporal, estímulos visuais e palavras escritas.

Para uma pessoa com autismo, a fala é a primeira escolha nos planos de intervenção, especialmente se já apresenta a habilidade de imitação vocal, devendo ser feitos todos os esforços a fim de torná-la a resposta-alvo. A grande vantagem da fala é que ela é amplamente compreendida, socialmente aceita e reforçada pela comunidade verbal.

No entanto, o ensino da fala pode tornar-se difícil em muitas circunstâncias, quando a criança não repete ou não emite palavras, o que impele o terapeuta a buscar alternativas, como a língua de sinais. Se a criança não imita sons ou palavras, mas consegue realizar algumas imitações motoras, a língua de sinais pode ser uma modalidade de resposta apropriada para ser ensinada nesse momento. Uma das vantagens da utilização de sinais é a portabilidade, o que significa que a pessoa pode utilizá-la em qualquer local e em qualquer contexto.

Provavelmente, o sistema de comunicação alternativa mais utilizado com crianças com autismo seja o PECS (Picture Exchange Communication System), desenvolvido por Bondy e Frost (2002), que é um sistema de comunicação por troca de figuras. Embora a portabilidade seja uma barreira, já que a criança precisa estar com seu dispositivo, as respostas são facilmente compreendidas pela comunidade verbal.

Salientamos que a utilização de modalidades como língua de sinais e PECS não impede ou limita o desenvolvimento da fala. O primeiro passo para o ensino de habilidades linguísticas é a condução de uma avaliação para determinar a competência comunicativa inicial da criança, ou seja, o que ela sabe e o que ela ainda não sabe fazer. Procurando respostas a perguntas como: "Quão fortes são as habilidades de solicitação de uma criança?"; "A que ritmo são adquiridos novos pedidos?"; "Quais níveis de ajuda são necessários para que uma criança solicite?"; e "Uma criança solicitará itens e atividades de pessoas diferentes?".

Ao avaliar as solicitações, é importante determinar como a criança pode obter aquilo que ela deseja. Por exemplo, algumas crianças que não falam podem não indicar que estão com fome ou sede ou que necessitam de ajuda. Nesse caso, elas podem simplesmente receber os reforçadores de tempos em tempos, sem precisar pedir por eles. Outras crianças podem emitir comportamentos inadequados como forma de obter o que desejam.

Há outras maneiras com que crianças que ainda não falam podem se comunicar, as mais comuns são: puxar o adulto até o item, olhar para o item ou permanecer próximo a ele. Apesar de essas maneiras serem consideradas melhorias com relação à emissão de comportamentos inapropriados, não é incomum que ocorram concomitantemente.

Podem, ainda, usar algumas palavras, sinais ou imagens para obter aquilo que desejam. Nesse caso, deve-se considerar a extensão desse repertório e se este está em expansão. Outras crianças conseguem realizar seus pedidos por meio de frases.

Rolar, sentar, engatinhar. Você já sabe que, em breve, o primeiro passo vai acontecer. Acompanhar esse desenvolvimento é incrível! E quanto à fala? Esses sinais de que a fala vai se desenvolver não são tão óbvios assim. O importante é saber que o desenvolvimento da linguagem já está acontecendo desde o nascimento. Não é após a primeira palavra que a criança começa a se comunicar.

Por isso, cabe a nós sempre responder às vocalizações, olhares, gestos e sorrisos da criança. Ela vocalizou? Vocalize com ela. Produza sons engraçados e repetitivos. Imite-a. Varie sua entonação.

A criança fez um gesto em sua direção? Faça um gesto semelhante, dê significado, entregue um brinquedo a ela. A criança olhou ou sorriu para você? Sorria para ela, mude sua expressão facial.

A comunicação acontece quando tem alguém para ouvir, ouça e responda toda e qualquer tentativa de comunicação. Interaja, narrando o mundo para o seu filho/aprendiz.

Referências

ANDRADE, C. R. F.; BÉFI-LOPES, D. M.; FERNANDES, F. D. M.; WERTZNER, W. H. *ABFW: teste de linguagem infantil nas áreas de fonologia, vocabulário, fluência e pragmática.* (2. ed. rev. ampl. e atual.) Barueri: Pró-Fono, 2011.

BONDY, A; FROST, L. The Picture Exchange Communication System. *Pyramid Educational Consultants*, 2002.

CARR, E. G.; DURAND, V. M. Reducing behavior problems through functional communication training. *Journal of Applied Behavior Analysis*, 1985.

GOMES, C. G. S.; SILVEIRA, A. D. *Ensino de habilidades básicas para pessoas com autismo.* Curitiba: Appris Editora e Livraria Eireli-ME, 2016.

RINGDAHL, J. E. *et al.* Evaluation of a pre-treatment assessment to select mand topographies for functional communication training. *Research in Developmental Disabilities*, v. 30, n. 2, p. 330-341, 2009.

SELLA, A. C.; RIBEIRO, D. M. *Análise do comportamento aplicada ao transtorno do espectro autista.* Curitiba: Appris Editora e Livraria Eireli-ME, 2018.

SUNDBERG, M. L.; PARTINGTON, J. W. *Teaching language to children with autism and other developmental disabilities.* Pleasant Hill: Behavior Analysts, 1998.

SUNDBERG, M. L. *The Verbal Behavior Milestones Assessment and Placement Program: VB-MAPP* (2. ed.). Concord, CA: AVB Press, 2014.

20

O AUTISTA E O EXERCÍCIO DE SEUS DIREITOS
PARTE 2

Este capítulo pretende apresentar um panorama atualizado do autismo e a sua condição jurídica na legislação pátria, bem como uma análise do exercício dos principais direitos da pessoa com transtorno do espectro autista (TEA).

JANAÍNA DE SOUSA BARRETO E
CÍNTIA MARSIGLI AFONSO COSTA

Janaína de Sousa Barreto

Contatos
janainasbarreto@yahoo.com.br
11 99554 3800

Advogada formada pela Unip, em 2004, atua há 19 anos, tanto na área contenciosa como consultiva. Especialista em Direito Empresarial com extensão em Direito Societário, Direito do Consumidor e Direito das Pessoas com Deficiência. Palestrante. Autora de artigos científicos. Assessora jurídica na Secretaria Municipal de Saúde.

Cíntia Marsigli Afonso Costa

Contatos
cintia@marsigliafonso.com.br
11 99955 2148

Advogada formada pela PUC-SP em 1992, atua há 31 anos na área do Direito Civil e da Saúde, tanto na área contenciosa como na consultiva, nos mais diversos segmentos a ela relacionados. Possui especialização nas áreas do Direito Empresarial, Direito da Família e Direito do Consumidor.

Caro leitor, na primeira parte contida no primeiro volume desta obra, abordaremos os direitos das pessoas do TEA. Neste capítulo, propomos uma atualização do tema, além de acrescentar outros direitos não abordados na obra anterior. Tratamos do direito da emissão de documentos, mobilidade urbana e direito ao transporte, direito ao lazer, à moradia, ao trabalho, e direito à educação e saúde. Vamos nos debruçar sobre as atualizações dos últimos direitos mencionados e, por fim, trataremos do direito a uma vida digna e à redução de jornada de trabalho.

Direito à educação

No que tange ao direito à educação, a questão que vem sendo discutida paira sobre o acompanhante especializado.

A ei 12.765/12 (BRASIL, 2012) prevê que é direito da pessoa com TEA o acesso à educação e garante o direito a um acompanhante especializado, em caso de comprovada necessidade.

É preciso entender que esse profissional não é um professor particular e sim um profissional qualificado que ajudará o aluno a se desenvolver, a participar ativamente das atividades escolares, bem como no processo de inclusão no âmbito escolar.

O objetivo da lei é que o acompanhante especializado atue no contexto escolar, ajudando o estudante com TEA a desenvolver suas atividades, não se tratando de uma intervenção terapêutica.

Importante destacar que o tema já foi objeto de discussão no Supremo Tribunal Federal (STF, 2016), que entendeu que a obrigatoriedade de aceitação, inclusão, acessibilidade e disponibilização desse profissional é de responsabilidade da escola, seja ela pública ou particular, sem qualquer custo adicional aos pais/responsáveis.

Lembramos que recusar matrícula é crime.

Na prática, muitas vezes é necessária a judicialização para ter garantido o direito à matrícula e à disponibilização do acompanhamento especializado.

Direito à saúde

Segundo dados da Agência Nacional de Saúde, em outubro de 2022, 74,2% da população brasileira não tinham plano de saúde privado, dependendo exclusivamente dos serviços públicos e, apesar da clareza das leis que regem o direito à saúde, o direito amplo, irrestrito e universal ainda é uma utopia, sendo desnecessário mencionar a situação atual do SUS.

Esse cenário evidencia que ainda há uma longa jornada para que o Estado possa disponibilizar estruturas aptas a fornecer um plano de tratamento continuado e eficaz para o autista e todos aqueles serviços de saúde que deveriam ser totalmente gratuitos e custeados pelo Estado.

Por essas razões, os autistas não têm muitas alternativas senão a contratação de um plano de saúde para que tenham todas as necessidades de seu tratamento atendidas. Porém, para que isso aconteça, algumas barreiras e subterfúgios utilizados pelas operadoras de planos de saúde também precisam ser superados.

Antes da contratação, é aconselhável que se faça uma boa pesquisa sobre os serviços credenciados do plano ao qual se pretende aderir e, já no momento da contratação, é de extrema importância que o relatório médico (também conhecido como declaração de saúde) seja corretamente preenchido com todas as informações. Não omita a situação do autismo, para evitar alegações de fraude e, consequentemente, a rescisão do contrato.

Após a contratação, será necessário o cumprimento de carências, que são de 180 dias no máximo. Importante destacar que existe a situação de Cobertura Parcial Temporária (CPT), que corresponde a uma restrição de atendimento aplicada às cirurgias, leitos de alta tecnologia e procedimentos de alta complexidade relacionados à doença preexistente; essa restrição deve durar no máximo 24 meses.

No caso das pessoas com TEA, além das carências normais de até 180 dias, as operadoras não podem aplicar nenhum tipo de cobertura parcial temporária aos atendimentos de psicoterapia, fonoaudiologia, terapia ocupacional e demais atendimentos que compõem o atendimento multidisciplinar.

Uma barreira que foi superada é a limitação do número de sessões de fonoaudiologia, psicologia e terapia ocupacional, que, com o advento da RN 469 de 09 de julho de 2021 (BRASIL, 2021), passou a ser ilimitado para as pessoas com transtorno global do desenvolvimento.

Outra barreira, superada em junho de 2022, foi a previsão expressa, no rol da ANS, da obrigação das prestadoras de serviço de saúde de oferecer atendimento por prestador apto a executar o método ou técnica indicados pelo médico assistente para tratar a doença ou agravo do paciente, como transtorno global do desenvolvimento, incluindo TEA.

Mesmo antes da inclusão no rol da ANS, a jurisprudência dos tribunais de justiça era praticamente uníssona no sentido de que não poderia haver qualquer limitação no atendimento à saúde e mesmo com a polêmica decisão do STJ, que declarou o Rol de Procedimentos Obrigatórios da ANS taxativo (STJ, 2022), fez ressalva quanto à necessidade de cobertura do tratamento para pessoas do espectro autista.

Esperava-se que, com essas alterações no rol da ANS, no que tange ao direito à saúde, a pessoa com TEA passasse a ter um tratamento mais adequado e efetivo, sem a necessidade de judicialização.

Mas, na prática, o que presenciamos é que os planos de saúde ainda têm dificultado o acesso ao tratamento adequado, seja com o credenciamento de poucos serviços especializados (que implicam a falta efetiva de condições de atendimento), seja com o credenciamento de serviços em locais mais afastados (o que dificulta o acesso diário do paciente).

Infelizmente, o Judiciário ainda não tem uma compreensão mais profunda dessas dificuldades, pois, na grande maioria das decisões, existindo serviços credenciados pela operadora, ele entende que a obrigação da operadora está cumprida.

Portanto, a missão atual dos operadores do direito tem sido sanar essas dificuldades e garantir que as operadoras de saúde ofereçam atendimento digno e adequado às pessoas do TEA.

Direito a uma vida digna – alimentos às pessoas do TEA.

O princípio da dignidade humana é um dos fundamentos do Estado Democrático de Direito, e está insculpido no artigo 1º, inciso III da Constituição Federal (BRASIL, 1990). A dignidade humana é um fenômeno que precede a própria ordem jurídica, pois se refere à garantia das necessidades vitais de cada indivíduo e, portanto, deve nortear toda a legislação pátria e as decisões judiciais.

Quando se fala em alimentos, muita gente ainda os confunde com sustento alimentar. Mas, em termos jurídicos, o conceito de alimentos vai muito além, já que, para o direito de família, os alimentos a serem pagos devem satisfazer todas as necessidades pessoais daquele que não pode provê-los pelo próprio trabalho.

Na sociedade em que vivemos, existem vários "tipos" de família e, com o passar do tempo, a tendência é de que novos arranjos familiares continuem surgindo. Porém, quando a situação envolve questões de ordem financeiras, algumas demandas e comportamentos são bem antigos e de difícil superação.

Para quem atua no direito de família, não é raro ver famílias com pessoas com quaisquer tipos de necessidades especiais, nas quais os genitores não vivem mais juntos, bem como famílias em que um dos genitores precisou renunciar às suas atividades profissionais para ter uma dedicação exclusiva ao filho necessitado.

Assim, começam a surgir as dificuldades, pois o genitor com quem a pessoa mora, na grande maioria das vezes, não tem como suprir todas as necessidades e, ainda que tivesse, não se revela justo que arque com tudo sozinho, pois a questão extrapola – e muito – o campo material.

Começando pela obrigação alimentar propriamente dita, de acordo com os artigos 229 da CF e 22 do ECA (BRASIL, 1990), é atribuição dos pais o dever de assistir, criar e educar os filhos. O Código Civil, art. 1.695 também estabelece a obrigação de prestar alimentos.

A questão é bastante simples, desde que o genitor que se afasta dos filhos tenha plena consciência das suas obrigações e não condicione o pagamento de alimentos a outras questões sobre as quais o menor não tem qualquer responsabilidade. Porém, não raramente, as questões relacionadas ao sustento, guarda e convivência dos filhos de pais separados são decididas pelo Poder Judiciário, o que é lamentável, especialmente para os filhos.

No arbitramento da pensão, o Judiciário levará em conta as necessidades do filho e as possibilidades dos pais. Por isso, é muito importante que se tenha de forma bem detalhada todas as despesas da criança e/ou do adolescente. Inclusive despesas de moradia (aluguel, condomínio, IPTU, água, luz etc.), que deverão ser calculadas dividindo o valor total pelo número de moradores da casa.

Com esses dados em mãos, passa-se, então, a analisar as possibilidades dos alimentantes. A regra geral é que os alimentos sejam estabelecidos de forma proporcional aos rendimentos dos genitores, como, por exemplo: se a mãe ganha um salário-mínimo e o pai dois salários, o pai arcará com dois terços das despesas e a mãe, com um terço.

Com relação à fixação do valor a ser pago, apesar de não existir uma lei regulamentando os limites, a jurisprudência consolidou entendimento de que a fixação não deve ultrapassar 30% (trinta por cento) dos rendimentos do genitor alimentante. De qualquer forma, cada situação deve ser analisada caso a caso pelo juiz.

Na grande maioria das vezes, as famílias têm que se adaptar à nova realidade financeira e organizar as despesas de uma forma que elas possam se encaixar nessas regras e, infelizmente, a conta, na maioria das vezes, não fecha. Vemos que aquele genitor que mantém consigo a residência dos filhos acaba despendendo quase todos os seus recursos no sustento desses filhos, enquanto o outro, que saiu de casa, limita a sua obrigação ao valor fixado na sentença judicial.

Quando os pais não têm condições de manter o sustento dos filhos, há que se considerar também a possibilidade de os avós prestarem a devida assistência. Mas a obrigação avoenga é subsidiária e complementar, só sendo considerada quando os pais não podem cumprir as suas. Importante esclarecer que, em caso de a ação ser distribuída apenas contra um dos avós, este poderá "convocar" os demais para participar do processo e ratear a obrigação, casos em que o juiz analisará a possibilidade de cada um.

Essas obrigações estendem-se para os filhos, mesmo maiores de idade, que são incapacitados de prover o próprio sustento, sendo muitas vezes necessária a interdição judicial (total ou parcial) do filho, para que seja nomeado um curador para administração de seus interesses pessoais.

A ação de alimentos e a de interdição (curatela) não podem ser intentadas nos juizados especiais e, portanto, sempre será necessária a intervenção de um advogado particular ou público.

Direito a redução de jornada de trabalho

A Lei Federal nº 8.112/90 (BRASIL, 1990) prevê a redução de carga horária do servidor com deficiência, quando comprovada a necessidade por junta médica, sendo esse direito estendido ao servidor que tenha cônjuge, filho ou dependente com deficiência. No entanto, essa lei regulamenta o trabalho de servidor público federal.

A priori, a letra da lei não teria aplicabilidade direta para os servidores estaduais e municipais, havendo a necessidade de regulamentação no âmbito de cada esfera. Ocorre que o Supremo Tribunal Federal (STF, 2022) fixou a seguinte tese em sede de repercussão geral: "Aos servidores públicos estaduais e municipais é aplicado, para todos os efeitos, o art. 98, § 2º e § 3º, da Lei nº 8.112 /1990".

Em que pese o julgamento do STF, em alguns estados e municípios, para a garantia desse direito, o servidor público precisa se socorrer do Judiciário para ter o seu direito à redução de jornada assegurado.

No âmbito privado, não há garantia legal de redução de jornada de trabalho, mas está em tramitação no Senado Federal o Projeto de Lei (PL) nº 2.436/2022, que "Acrescenta o art. 62-A à Consolidação das Leis do Trabalho (CLT), aprovada pelo Decreto-Lei nº 5.452, de 1º de maio de 1943, para conceder jornada de trabalho especial, sem prejuízo do salário, ao empregado que tenha filho – adotado ou sob guarda judicial para fins de adoção – ou dependente, que tenha deficiência".

Conclusão

Diante da explanação, verifica-se que os direitos expostos estão positivados no ordenamento jurídico brasileiro, mas, na prática, ainda são muito desrespeitados e não ocorrem de forma automática.

Falta não só a conscientização, mas também informação, tanto para as famílias que possuem dentre seus entes uma pessoa com TEA, como para a população em geral. A falta de medidas governamentais de efetivação e conscientização da população também é um grande atraso. Outro ponto relevante são as dificuldades encontradas e, até mesmo, a burocracia, que muitas vezes inviabiliza o exercício dos direitos.

Por outro lado, já podemos sentir que houve uma evolução, e a perspectiva é que cada vez mais a sociedade se conscientize, pois ainda temos muitos projetos de leis federais, estaduais e municipais voltados exclusivamente para as pessoas do TEA.

Referências

BRASIL. Lei 12.764, de 27 de dezembro de 2012. Casa Civil. Subchefia para assuntos jurídicos. 2012.

BRASIL. Lei 13.146, de 6 de julho de 2015. Secretaria-geral. Subchefia para assuntos jurídicos. 2015.

BRASIL. Decreto 6.949, de 25 de agosto de 2009. Casa Civil. Subchefia para assuntos jurídicos. 2009.

BRASIL. Constituição da República Federativa do Brasil de 1988. Casa Civil. Subchefia para assuntos jurídicos. 2008.

BRASIL. Lei nº 8.069, de 13 de julho de 1990. Estatuto da criança e do adolescente. Casa Civil. Subchefia para assuntos jurídicos. 1990.

BRASIL. Lei nº 8.112, de 11 de dezembro de 1990. Casa Civil. Subchefia para assuntos jurídicos. 1990.

BRASIL. Projeto de Lei nº 2436, de 2022. Senado Federal. 2022.

BRASIL. Ministério da Saúde/Agência Nacional de Saúde Suplementar. resolução normativa - RN 469, de 9 de julho de 2021.

BRASIL. Ministério da Saúde/Agência Nacional de Saúde Suplementar. resolução normativa ANS 539, de 23 de junho de 2022.

SUPREMO TRIBUNAL FEDERAL – STF. Escolas particulares devem cumprir obrigações do Estatuto da Pessoa com Deficiência, decide STF. 2016. Disponível em: <http://portal.stf.jus.br/noticias/verNoticiaDetalhe.asp?idConteudo=318570&ori=1>. Acesso em: 01 jun. de 2023.

SUPREMO TRIBUNAL FEDERAL – STF. Servidor estadual e municipal responsável por pessoa com deficiência tem direito a jornada reduzida. 2022. Disponível em: <https://portal.stf.jus.br/noticias/verNoticiaDetalhe.asp?idConteudo=499524&ori=1>. Acesso em: 01 jun. de 2023.

SUPERIOR TRIBUNAL DE JUSTIÇA – STJ. Rol da ANS é taxativo, com possibilidades de cobertura de procedimentos não previstos na lista. 2022. Disponível em: <https://www.stj.jus.br/sites/portalp/Paginas/Comunicacao/Noticias/08062022-Rol-da-ANS-e-taxativo--com-possibilidades-de-cobertura-de-procedimentos-nao-previstos-na-lista.aspx>. Acesso em: 01 jun. de 2023.

21

A AVALIAÇÃO NEUROPSICOLÓGICA NO PROCESSO DE INTERVENÇÃO

Este capítulo abordará a contribuição da avaliação neuropsicológica para a intervenção em indivíduos com TEA.

MARIA OLIVEIRA

Maria Oliveira

Contatos
psicma05@hotmail.com
Instagram: @espacorecriarse
11 97254 6930

Psicóloga formada pela UNG, com mestrado em Análise do Comportamento Aplicada pelo Paradigma, Centro de Ciências e Tecnologia do Comportamento. Especialista em Neuropsicologia pelo HC-FMUSP, especialista em Análise do Comportamento Aplicada para Pessoas com TEA e DI e especialista em Autismo pelo CBI of Miami. Especialista em Psicopedagogia pela Universidade Nove de Julho. CEO da Clínica de Psicologia Espaço Recriar-se.

A avaliação neuropsicológica é um processo diagnóstico que tem como foco compreender a relação cérebro-comportamento; é utilizada para caracterizar as dificuldades e potencialidades das pessoas e, então, concluir se esse perfil é compatível ou não com algum transtorno neuropsiquiátrico. Para além de uma perspectiva diagnóstica, podemos utilizar a avaliação neuropsicológica para a tomada de decisão na elaboração de um plano de intervenção de indivíduos com transtorno do espectro autista (TEA).

É comum utilizarmos apenas protocolos comportamentais para avaliação de repertório, tendo em vista que nem todo analista do comportamento possui formação para o manejo dos instrumentos utilizados na avaliação neuropsicológica, e muitos testes são restritos ao uso do psicólogo.

Na avaliação neuropsicológica, utilizamos instrumentos padronizados que fornecem medidas quantitativas e qualitativas do desempenho do indivíduo, conseguindo, com isso, compreender o perfil cognitivo e identificar as comorbidades, como por exemplo a deficiência intelectual, a qual é comum em 30% das pessoas com TEA.

Através da avaliação neuropsicológica, avaliamos diferentes habilidades como: funções executivas (atenção, planejamento, controle inibitório, flexibilidade), inteligência, memória, percepção visual, motricidade, habilidades visuoespaciais, linguagem, habilidades acadêmicas e comportamento adaptativo, entre outros.

Atualmente, temos diversos instrumentos que podem ser utilizados para a avaliação dessas habilidades de forma quantitativa e qualitativa. É necessário que a escolha dos instrumentos seja compatível com o perfil de cada indivíduo e os requisitos necessários para aplicação dos instrumentos.

Veremos aqui um exemplo de um dos instrumentos padrão-ouro na avaliação das funções cognitivas, a Escala Wechsler de Inteligência 4ª Edição (WISC-IV), a qual, embora seja muito conhecida por fornecer o coeficiente intelectual, também pode ser utilizada para elaboração de estratégias de ensino.

Escala WISC-IV

Índice fatorial	Objetivo	Prejuízos	Estimulação
Índice de compreensão verbal	Formado por subtestes que envolvem habilidades verbais que utilizam raciocínio, compreensão e conceitualização.	Vocabulário receptivo limitado para entender palavras e seu significado. Vocabulário expressivo limitado para expressar pensamentos ou ideias. Dificuldade para processar e compreender a linguagem oral. Conhecimentos gerais limitados.	Atividades que envolvam nomeação, categorização, sequência lógica, intraverbal, habilidades acadêmicas.
Índice de organização perceptual	Formado por subtestes que envolvam habilidades visuais que utilizam raciocínio fluido, processamento visual e organização perceptual.	Dificuldade para fazer representações mentais visuais. Dificuldade na manipulação mental para verificar como os objetos ficariam alterados. Dificuldade para estimular ou comparar comprimentos, distancias, leitura de gráficos, mapas e plantas. Dificuldade para resolução de problemas e formação de conceitos verbais. Dificuldade de raciocínio lógico e de perceber relações entre padrões.	Atividades de pareamento de figuras, objetos. Copiar padrões a partir de um modelo. Continuar padrões a partir de um modelo. Montar quebra-cabeça. Continuar um desenho. Identificar e comparar medidas. Completar uma lacuna a partir de um modelo visual. Selecionar um item faltante a partir de um modelo.
Índice de memória operacional	Formado por subtestes que medem a habilidade de reter brevemente informações enquanto manipula e opera outras (memória operacional).	Dificuldade para seguir instruções em tarefas. Dificuldade para manter informações em mente por tempo suficiente para usá-las em seguida. Dificuldade na realização de cálculos ou solucionar mentalmente operações matemáticas. Dificuldade em realizar duas tarefas ao mesmo tempo. Dificuldade em conectar a informação de um parágrafo com outro durante a leitura e compreender o que lê. Dificuldade em organizar as informações em uma ordem temporal coerente (construção hierárquica com começo, meio e fim).	Seguimento de instrução, iniciando com um passo e evoluindo conforme aquisição. Sequência cronológica. Recontar uma história. Atividades acadêmicas de aritmética. Atividades acadêmicas de leitura. Jogos que envolvam atenção, como Lince, Cadê, jogo da memória. Repetir uma sequência.

Índice de velocidade de processamento	Formado por subtestes que medem velocidade de processamento e habilidade visuomotoras. Avaliam também atenção, memória episódica de curto prazo, visual e coordenação visuomotora.	Lentidão para realizar operações aritméticas básicas. Dificuldade em terminar atividades e exercícios de cópia no prazo. Demora para terminar tarefa sob pressão de tempo. Cometimento de mais erros ou omissões em tarefas de cópia. Lentidão em tarefas de rotina, pouca adesão a aprendizagens novas, com mais energia dispensada para uma tarefa simples.	Utilização de *timer* para realização de tarefas. Atividades que envolvam operações matemáticas, iniciando com tarefas simples até o desenvolvimento de tarefas mais complexas. Tarefas de cópia, transcrição de pequenos textos. Utilização de rotina visual para realização de tarefas. Utilização de sistema de fichas para obtenção de reforço. Aprendizagem sem erro.

Fonte: WEISS *et al.*, 2016.

A desvantagem da Escala WISC-IV para avaliação das pessoas com autismo é que necessita-se ter a fala desenvolvida, mas além desse há outros instrumentos que se propõem a medir as funções cognitivas, como o SON-R 2 anos e meio a 7 anos e de 6 a 40 anos, e a escala Wechsler Não Verbal (WNV). Além das escalas utilizadas para verificação do coeficiente cognitivo, temos testes específicos de atenção, memória, funções executivas, comportamentos adaptativos e habilidades acadêmicas, entre outros.

A avaliação neuropsicológica pode contribuir para a tomada de decisão das tarefas que serão incluídas no plano de ensino do aprendiz. Sem que necessariamente o profissional fique preso somente aos resultados quantitativos, as informações de desempenho durante uma avaliação são ricas para compreendermos como o aluno aprende, quais são suas habilidades prioritárias.

No processo terapêutico, é importante que o terapeuta compreenda como as funções cognitivas ocorrem, como é a interação delas com o comportamento, de modo que a intervenção forneça oportunidades de aprendizado e ajude o aprendiz a progredir de forma efetiva.

Referências

JÚLIO-COSTA, A.; ANTUNES, A. M. *Transtorno do espectro autista na prática clínica*. São Paulo: Pearson Clinical Brasil, 2017.

MALLOY-DINIZ, L. F. *et al. Avaliação neuropsicológica 2*. Porto Alegre: Artmed Editora, 2018.

WEISS, L. G. *et al.* WISC *IV – Interpretação clínica avançada*. 2016.

22

O MAPA DA AVALIAÇÃO NEUROPSICOLÓGICA

O meu objetivo, neste capítulo, é propagar a importância de uma avaliação neuropsicológica e promover clareza sobre os instrumentos utilizados em uma avaliação diagnóstica para pessoas com transtorno do espectro autista.

JULIANA PRADO

Juliana Prado

Contatos
psico.julianaprado@gmail.com
Instagram: @neuropsi.juliana

Psicóloga (CRP 06/124804) e coordenadora de casos e avaliação do Núcleo Direcional com formação em Neuropsicologia pelo HC-FMUSP; psicopedagoga pelo Centro Universitário São Camilo e analista do comportamento pela Faculdade Inspirar. Tem sete anos de experiência no atendimento de crianças com transtorno do neurodesenvolvimento e atuou em ambiente escolar, domiciliar e clínico.

A Neuropsicologia estuda as relações entre o sistema nervoso e as funções cognitivas, podendo auxiliar no diagnóstico diferencial de quadros neurológicos e neuropsiquiátricos, na análise das funções preservadas e nas alterações cognitivas e comportamentais, além da elaboração de estratégias de intervenção e monitoramento da evolução dos quadros. Para isso, a avaliação neuropsicológica pode se valer de testes psicométricos, tarefas qualitativas e observação clínica (MIOTTO; LUCIA; SCAFF, 2017).

A avaliação neuropsicológica no transtorno do espectro autista (TEA) busca o rastreio dos sinais descritos, além de identificar a qualidade das funções cognitivas e os níveis de suporte pré e pós-intervenção terapêutica.

As funções cognitivas no TEA

Segundo pesquisas, as características descritas no TEA corroboram alterações de cunho anatômico e fisiológico relacionadas ao "cérebro social", que corresponde a um conjunto de estruturas que operam sobre as interações sociais. Fazem parte do cérebro social: amígdala (promove a percepção de estímulos sociais, identificação de emoções e cognição social), córtex somatossensorial (reconhecimento de expressões), lobo temporal (processamento visual de rostos) e córtex pré-frontal (funções executivas e teoria da mente). Os estudos apontam que essas alterações também podem estar relacionadas à conectividade cerebral devido à quantidade de matéria branca no cérebro (GARCÍA-JUÁREZ *et al.*, 2022)

De modo a atenuar esses prejuízos sociais e comportamentais, é indicado que, nos primeiros meses após observação de sinais atípicos, uma avaliação neuropsicológica seja realizada para a investigação do diagnóstico e para a implementação do tratamento, visto que a intervenção precoce influencia positivamente o prognóstico dos transtornos do neurodesenvolvimento e, numa pessoa com autismo, o tratamento pode acarretar um nível substancial de suporte e a promoção de comportamentos adaptativos que favorecem a interação do indivíduo com o ambiente de forma adequada (GARCÍA-JUÁREZ *et al.*, 2022).

Ademais, os prejuízos no TEA se refletem em dificuldades de aprendizagem, prejuízos na tomada de decisão, flexibilidade mental, memória operacional e velocidade de processamento, déficit atencional, baixo autocontrole, impulsividade, apatia, falha na atenção compartilhada, rigidez comportamental e comportamentos estereotipados (CZERMAINSKI, 2012).

Vale mencionar que esses prejuízos podem convergir em dificuldades de autorregulação emocional, pois crianças com TEA demonstram alterações na regulação emocional diferente de seus pares com desenvolvimento típico, o que implica labilidade afetiva, irritabilidade, ansiedade e depressão, além de comportamentos de auto e heteroagressão e hiperatividade. Esses prejuízos estão relacionados com a dificuldade desse público de expressar e identificar seus sentimentos em si e na inabilidade nas interações sociais que poderiam ajudar na corregulação (NUSKE *et al.*, 2017).

Protocolos de avaliação

No autismo, o diagnóstico é elaborado a partir de uma observação clínica, entrevista sobre o desenvolvimento neuropsicomotor, antecedentes familiares e o uso de instrumentos psicométricos e qualitativos (GARCIA *et al.*, 2016).

Os instrumentos utilizados para detecção do TEA são compostos por escalas e inventários: M-CHAT (Modified Checklist for Autism Toddlers), recomendado pela Sociedade Brasileira de Pediatria para rastreamento de autismo em crianças de 18 a 24 meses de idade; CARS (Childhood Autism Rating Scale), auxilia no diagnóstico de crianças autistas a partir dos 2 anos de idade e no nível de suporte que estas necessitam (CUCOLICCHIO *et al.*, 2010); ABC (Autism Behavior Checklist) ajuda no diagnóstico diferencial (MARTELETO; PEDROMÔNICO, 2005); ASQ (Autism Screening Questionnaire) envolve questões de interação social recíproca, comunicação e linguagem, padrões de comportamentos estereotipados e repetitivos, além de questões sobre o funcionamento atual da linguagem (SATO *et al.*, 2009); ATA (Escala d'avaluació dels trets autistes), considerada uma ferramenta pré-diagnóstica para o TEA (Assumpção, Kuczynski, Gabriel e Rocca, 1999); e o ADI-R (Autism Diagnosti Interview-Revised) e ADOS (Autism Diagnostic Observation Schedule-Generic) que são protocolos padrão-ouro para o diagnóstico de autismo. E para obtenção dos aspectos comportamentais de crianças com deficiência intelectual e transtorno do neurodesenvolvimento existe a Vineland-3 (Escalas de Comportamento Adaptativo), que é um questionário destinado a cuidadores e professores.

Atualmente, estão disponíveis para comercialização os testes PROTEA-R e SRS-2, que possuem validação brasileira. O primeiro tem como objetivo investigar a sintomatologia do TEA em crianças de 24 a 60 meses por meio da observação clínica e entrevista com os pais, e o segundo é destinado à investigação dos sinais do TEA e do grau de severidade por meio de uma escala, em indivíduos a partir de 2 anos de idade.

Pessoas com autismo também apresentam prejuízos em habilidades que englobam tomada de perspectiva ou teoria da mente (capacidade de inferir sobre o estado mental de si e do outro) e, para testar essa habilidade, um dos primeiros testes desenvolvidos foi o Sally e Anne (BARON-COHEN, 1985), em que é proposto um cenário no qual aparecem duas bonecas que mudam um objeto de lugar, a fim de mostrar que a primeira crença pode ser falseada pela mudança de eventos no ambiente. Outro teste utilizado para avaliar a teoria da mente é o das "histórias estranhas" (Strange Stories), para crianças de 6 a 12 anos de idade, composto por 12 histórias que permitem que a criança infira sobre um estado mental (VELLOSO; DUARTE; SCHWARTZMAN, 2013). Há também o Eyes-C (BARON-COHEN *et al.*, 2001), em que, por meio de 29 pranchas, o indivíduo precisa identificar a expressão do outro apenas olhando para os olhos (MENDOZA, 2012).

Para avaliar a inteligência global, existem as Escalas de Wechsler para indivíduos entre 6 e 16 anos e meio de idade. Os estudos apontam que indivíduos com autismo são melhores em testes de cunho visuoespacial e possuem um desempenho abaixo da média em testes que avaliam habilidades verbais e, nem sempre, esses instrumentos conseguem avaliar indivíduos com TEA, pois alguns autistas são não verbais e apresentam dificuldades para compreender instruções simples/complexas e/ou têm o controle instrucional limitado. Para crianças não verbais e com controle instrucional preservado, podem ser utilizados o SON-R e as matrizes progressivas coloridas de Raven, para avaliar as habilidades cognitivas (BOSA; TEIXEIRA, 2017).

No rastreio do desenvolvimento, encontramos testes como o Bayley-III (Escalas do Desenvolvimento Infantil de Bayley) (BAYLEY, 2006), que visa a identificação de atrasos no desenvolvimento de crianças de 1 a 42 meses de idade, e o Denver II (Teste de Triagem do Desenvolvimento), para crianças desde os primeiros anos de nascimento até os 6 anos de idade, que avalia quatro aspectos: pessoal social, motor fino-adaptativo, linguagem e motor grosso.

Com vimos, existe uma variabilidade de instrumentos que podem auxiliar o profissional no diagnóstico de pessoas com autismo e contribuir para um melhor entendimento sobre as funções cognitivas, além de possibilitar a elaboração de intervenções mais eficazes e abrangentes para essa população.

Desse modo, a avaliação busca ampliar o repertório de comunicação e estimular as habilidades sociais e atencionais, capacidade de memorização e, por fim, estimular o funcionamento cognitivo de forma geral, pois, através da avaliação, serão elaboradas intervenções e orientações para melhorar a qualidade de vida da pessoa com autismo na sociedade.

A seguir, veremos na figura a seguir um mapa de quais instrumentos são esperados em uma avaliação neuropsicológica para diagnóstico do TEA. Serve como um guia para os familiares também conseguirem medir e acompanhar os processos diagnósticos dos seus filhos. Deixamos a ressalva de que, no processo diagnóstico, não é esperado o uso de todos os testes, mas também não é esperado que só se use um deles. A avaliação neuropsicológica é um arranjo de testes, entrevistas e outros procedimentos, que corroboram a análise das hipóteses diagnósticas.

Mapa de avaliação diagnóstica na avaliação do diagnóstico transtorno do espectro autista, contemplando alguns instrumentos que podem auxiliar no rastreio dos sinais referentes ao quadro.

Referências

AMERICAN PSYCHIATRIC ASSOCIATION. *DSM-5 – Manual diagnóstico e estatístico de transtornos mentais*. Porto Alegre: Artmed, 2014.

BOSA, C. A.; TEIXEIRA, M. C. T. V. *Autismo: avaliação psicológica e neuropsicológica*. São Paulo: Hogrefe-Cetepp, 2017.

CUCOLICCHIO, S. *et al.* Correlação entre as escalas CARS e ATA no diagnóstico de autismo. *Med. reabil.*, v. 29, p. 6-8, 2010.

CZERMAINSKI, F. R. *Avaliação Neuropsicológica das funções executivas no transtorno do espectro do autismo*. Dissertação (Mestrado em Psicologia). Instituto de Psicologia. Universidade Federal do Rio Grande do Sul – UFRGS, 2012.

FREITAS, P. (2016). Sociedade Brasileira de Neuropsicologia. Disponível em: <http://www.sbnpbrasil.com.br/boletins_52_195_2016_0>. Acesso em: maio de 2023.

GARCÍA-JUÁREZ, M. R. *et al.* Cognición social en el Trastorno del Espectro Autista. Autismo: avanços e desafios. *Editora científica digital*, v. 3, n. 3, 2022.

GARCIA, A. H. C. *et al.* Transtornos do espectro do autismo: avaliação e comorbidades em alunos de Barueri, São Paulo. *Psicologia: teoria e prática*, v. 18, n. 1, p. 166-177, 2016.

MARTELETO, M. Regina F.; PEDROMÔNICO, M. R. M. Validity of autism behavior checklist (ABC): preliminary study. *Brazilian Journal of Psychiatry*, v. 27, p. 295-301, 2005.

MENDOZA, M. Versão infantil do teste "ler a mente nos olhos": um estudo de validade. Dissertação (Mestrado em Psicologia). Instituto de Psicologia, Universidade de São Paulo – USP, 2012.

MIOTTO, E. C.; LUCIA, M. C. S.; SCAFF, M. *Neuropsicologia clínica*. Rio de janeiro: Roca, 2017.

NUSKE, H. J. *et al.* Atrasos no desenvolvimento nas estratégias de regulação das emoções em pré-escolares com autismo. *Pesquisa de autismo*, 1808-1822, 2017.

ORSATI, F. T. *et al.* Novas possibilidades na avaliação neuropsicológica dos transtornos invasivos do desenvolvimento: análise dos movimentos oculares. Avaliação psicológica. *Interamerican Journal of Psychological Assessment*, v. 7, n. 3, p. 281-290, 2008.

SATO, F. P. *et al.* Instrumento para rastreamento dos casos de transtorno invasivo do desenvolvimento: estudo preliminar de validação. *Brazilian Journal of Psychiatry*, v. 31, n. 1, p. 30-33, 2009.

VELLOSO, R. de L.; DUARTE, C. P.; SCHWARTZMAN, J. S. Avaliação de teoria da mente nos transtornos do espectro do autismo com a aplicação do teste Strange Stories. *Arquivos de Neuro-psiquiatria*, v. 71, p. 871-876, 2013.

23

BENEFÍCIOS DA NEUROMODULAÇÃO PARA PESSOAS COM TEA

Neste capítulo, busca-se apresentar aspectos neurofisiológicos envolvidos nos sintomas do TEA, bem como levantar aplicabilidades e benefícios de se intervir nesse transtorno por meio da neuromodulação. Apesar de se tratar de um campo em desenvolvimento, os resultados obtidos são animadores e nos impelem a seguir com pesquisas que demonstrem a efetividade desse modelo de intervenção para o TEA.

PATRÍCIA ZOCCHI E BRUNO ZOCCHI

Patrícia Zocchi

Contatos
www.potencialmenteacademia.com.br
contato@potencialmenteacademia.com.br
11 97431 4073 / 11 3455 6973

Psicóloga clínica com 22 anos de experiência; formação em Terapia Cognitivo-comportamental; especialização em Psicopedagogia (UCB), Neuropsicologia (USP) e Neurociências (FIDE-PE). Professora convidada do curso de pós-graduação em Neuropsicologia do Hospital das Clínicas (HC-USP). Supervisora em *neurofeedback* na Brain-Trainer International (BTI). Sócia da PotencialMente - Academia Cerebral, empresa que há mais de 10 anos atende crianças, adolescentes, adultos e idosos com metodologias de neuromodulação como *biofeedback*, *neurofeedback* e estimulação elétrica por corrente contínua - ETCC.

Bruno Zocchi

Contatos
www.potencialmenteacademia.com.br
contato@potencialmenteacademia.com.br
11 97431 4073 / 11 3455 6973

Graduando em Psicologia pela USP. Membro da International Society for Neuroregulation & Research (ISNR). Certificado de formação em *Neurofeedback* pelo sistema Brain-Trainer International (BTI). Participação nos cursos de Neurociência Médica da Duke University e Neuroanatomia Funcional da Biofeedback Federation of Europe. Sócio da PotencialMente - Academia Cerebral.

O Transtorno do Espectro Autista (TEA), como se sabe, é um transtorno do neurodesenvolvimento caracterizado por déficits na comunicação social e na interação social em diferentes contextos, bem como padrões restritos ou repetitivos de comportamento ou interesses que estão presentes nos primeiros anos de vida de um indivíduo (GARCÍA-GONZÁLEZ *et al.*, 2021). A Teoria da Mente (ToM), uma habilidade que torna o indivíduo capaz de atribuir estados mentais subjetivos a si mesmo e a outros, é uma forma de se explicar o que pode estar prejudicado as funções mentais de uma pessoa com TEA. Atualmente, pesquisadores buscam entender como a ToM pode ser explicada a partir da neurociência e, com isso, como podem ser ensaiadas intervenções com o uso de ferramentas de neuromodulação para reduzir os sintomas do autismo (SALEHINEJAD *et al.*, 2021).

No que diz respeito à neurofisiopatologia do TEA, diferenças no desenvolvimento, estruturas e conectividade neural foram encontradas nos cérebros dessas pessoas. Como exemplo, pode-se citar um padrão de crescimento alterado na amígdala e no córtex frontal (DONOVAN; BASSON, 2016), o que se relaciona com os estudos que buscam associar a biologia do TEA à ToM a partir da função do córtex pré-frontal ventromedial (SALEHINEJAD *et al.*, 2021).

Esta porção do cérebro, o córtex pré-frontal ventromedial (vmPFC), tem sido fortemente implicada na flexibilidade cognitiva – a habilidade do cérebro se adaptar a diferentes padrões de acontecimentos. A ativação reduzida do vmPFC no TEA tem sido associada à avaliação prejudicada dos estímulos e aos aspectos de aquisição de regras da flexibilidade cognitiva. O vmPFC, dessa forma, aparece como um alvo promissor para a estimulação cerebral não invasiva (NIBS) no autismo, trazendo a perspectiva de um novo modelo de intervenção terapêutica com base neurocientífica que poderia melhorar as dificuldades de flexibilidade cognitiva em pessoas com TEA e, com isso, contribuir para uma melhor adaptação à ToM, por exemplo (LEV-RAN *et al.*, 2012).

Atualmente, muita atenção está sendo dada ao uso de dispositivos e tecnologias no tratamento do autismo. Na última década, os métodos de NIBS, especificamente a Estimulação Transcraniana por Corrente Contínua (tDCS) e a Estimulação Magnética Transcraniana (TMS), foram examinadas como possíveis novas opções terapêuticas para modificação da neuroplasticidade patológica (ou mesmo indução de plasticidade em regiões específicas, como o vmPFC) envolvida em distúrbios neuropsiquiátricos, incluindo o TEA (KHALEGHI *et al.*, 2020).

A partir disso, nas últimas décadas, de fato, foi registrado um aumento relevante no interesse pela aplicação das NIBS na recuperação e na reabilitação das funções de flexibilidade mental, sensoriomotoras, executivas, na atenção e na memória de pessoas com TEA. Com isso, esses modelos de intervenção têm sido cada vez mais considerados (FINISGUERRA *et al.*, 2019) e cabe aos profissionais e ao público compreender o que são e quais os potenciais benefícios de sua aplicação no tratamento do Transtorno do Espectro Autista.

O que é neuromodulação e quais os seus tipos?

Neuromodulação, como diz o nome, é uma forma de intervenção que pretende modular, ou seja, condicionar e alterar o padrão de funcionamento do cérebro e de suas unidades funcionais: os neurônios. As terapias de neuromodulação, nesse sentido, nada mais são do que intervenções que, com o uso de ferramental adequado, avaliam o funcionamento do cérebro – muitas vezes, em tempo real – e, com base nos achados, atuam de forma a alterar esse funcionamento em vista a combater sintomas e comportamentos indesejados e contribuir para um maior bem-estar da pessoa que passa pelo tratamento. Essa intervenção pode ser mais ou menos invasiva e representar diferentes formas de intervir nas funções neurais. Algumas atuam de forma mais direta, outras, de forma mais indireta, e a maior parte delas busca atingir e alterar o padrão de funcionamento elétrico do cérebro a partir de estímulos como indução elétrica ou eletromagnética ou até estímulos visuais e auditivos, segundo o paradigma de condicionamento operante. Sendo assim, vamos entender mais sobre alguns tipos de neuromodulação.

1. ***Neurofeedback.*** Mais amplamente descrito no primeiro volume deste livro, também podemos chamar de "Neuromodulação Autorregulatória por EEGq em tempo real". É um método de "treinamento cerebral" que mede, em tempo real, as ondas cerebrais por meio da análise de eletroencefalografia quantitativa. Essa técnica utiliza *feedbacks* visuais e/ou auditivos, conduzindo e ensinando o cérebro a aprender a se manter em padrões de frequências cerebrais considerados eficientes. Esse é um método considerado não invasivo e que não apresenta contraindicações, uma vez que se baseia

no próprio funcionamento cerebral da pessoa para gerar os estímulos de condicionamento neural. No treinamento com *neurofeedback*, os eletrodos são posicionados em diferentes regiões do córtex e apenas captam a atividade cerebral, transformando-a em estímulos. Portanto, é considerada uma neuromodulação passiva.

2. **Estimulação transcraniana por corrente contínua (tDCS).** A estimulação transcraniana por corrente contínua (tDCS ou ETCC, em português) é um tipo de estimulação elétrica transcraniana (TES) que consiste na aplicação de corrente fraca constante (1-2 mA) no cérebro por meio de eletrodos aplicados na pele do couro cabeludo em correspondência a uma região cortical específica. A corrente elétrica passa entre um ânodo, carregado positivamente, e um cátodo, carregado negativamente, e provoca uma modulação abaixo do limiar da excitabilidade neuronal, sem potenciais de ação despolarizantes, apenas com o intuito de provocar uma reorganização da polarização neural. Efeitos colaterais, quando presentes, foram considerados leves, incluindo irritação na pele do local estimulado, formigamento, parestesias leves e sensações de zumbido (WILSON *et al.*, 2018).
3. **Estimulação magnética transcraniana (EMT).** A estimulação magnética transcraniana (TMS) é uma importante técnica de neuromodulação não invasiva que usa indução eletromagnética com base no princípio de Faraday para gerar, no córtex cerebral, campos elétricos transitórios, localizados e ortogonais (KHALEGHI *et al.*, 2020). É uma intervenção menos acessível que as anteriores, seja pelo custo ou pelo tamanho de seu ferramental. Assim como a ETCC, apresenta suas contraindicações.

Os dois últimos métodos (ETCC e EMT) oferecem a oportunidade de modular a excitabilidade em diferentes regiões do córtex cerebral e produzir efeitos posteriores na excitabilidade do neurônio, que podem durar de minutos a horas, quando a estimulação é aplicada por um período prolongado. O objetivo da intervenção é provocar essas alterações funcionais no longo prazo. Além disso, os tipos de Estimulação Cerebral Não Invasiva são frequentemente usados para impulsionar a reabilitação neuropsicológica ou psiquiátrica por meio da modulação da neuroplasticidade (FINISGUERRA *et al.*, 2019).

O acesso às intervenções citadas, infelizmente, ainda não é acontece para todos os públicos por, até a data da presente publicação, não ser oferecida no rol de procedimentos ou intervenções públicas dentro do Sistema Único de Saúde (SUS) nacional. Porém, em nossa experiência, vemos casos sendo custeados pelos órgãos públicos ou entes privados por meio de liminares judiciais ou via reembolso de convênios.

Conhecidas as principais modalidades de neuromodulação, vamos explorar o que tem sido publicado a respeito dos benefícios de sua aplicação na intervenção para o TEA.

Estudos e benefícios para pessoas com TEA

Efeitos da neuroestimulação não invasiva no transtorno do espectro autista: uma revisão sistemática
(KHALEGHI et al., 2020).

Em uma revisão sistemática sobre os efeitos da neuromodulação não invasiva no TEA, um estudo de 2020 demonstrou que os métodos de ETCC e EMT podem ser úteis para tratar algumas dimensões do TEA, como o comportamento repetitivo, a sociabilidade e alguns aspectos das funções executivas e cognitivas. Os pesquisadores encontraram efeitos cognitivos como memória de trabalho aprimorada em adultos com TEA, função de linguagem aprimorada – tanto no vocabulário quanto na sintaxe – e aprimoramento duradouro do planejamento motor em crianças com TEA após intervenções com ETCC sobre o córtex pré-frontal dorsolateral esquerdo (dlPFC-E) ou bilateral. A análise dos resultados também demonstrou que a maioria das intervenções por ETCC que tiveram como alvo a junção temporoparietal direita e estimularam o dlPFC-E relataram melhoras significativas nos sintomas de problemas comportamentais e de sociabilidade de pacientes com TEA.

Estimulação transcraniana por corrente contínua no transtorno do espectro autista: uma revisão sistemática e meta-análise
(GARCÍA-GONZÁLEZ *et al.*, 2021).

Nesta revisão, a maioria dos estudos utilizou intensidade que variou entre 1 e 2 mA. A duração do tratamento variou de 10 a 40 minutos por sessão. O número de sessões variou entre os estudos, desde uma sessão única até 28 sessões diariamente (excluindo-se finais de semana). A área de estimulação mais frequente foi o dlPFC-E. Em geral, a neuromodulação por tDCS ativa mostrou melhora significativa na avaliação pós-estimulação em todos os estudos. Além disso, quando comparada à condição simulada, a estimulação tDCS mostrou melhora adicional, ou seja, demonstrou seu poder específico ante intervenções placebo.

Estimulação cerebral não invasiva para a reabilitação de crianças e adolescentes com transtornos do neurodesenvolvimento: uma revisão sistemática
(FINISGUERRA *et al.*, 2019).

Este estudo teve como objetivo revisar a eficácia e segurança dessas técnicas (ETCC e EMT) no TEA, no transtorno de déficit de atenção/hiperatividade (TDAH), dislexia, síndrome de Tourette e transtornos de tiques. A revisão foi focada nos estudos que exploram os efeitos terapêuticos dessas técnicas de

NIBS, em geral, mostrando efeitos positivos do tratamento cognitivo-funcional, além de alta adesão ao tratamento por parte das crianças e suas famílias. Isso revela, sobretudo, a viabilidade e a eficácia promissora das NIBS como a ETCC e a EMT para apoiar a plasticidade neural e reforçar os benefícios dos treinamentos cognitivos.

Contribuição da junção temporoparietal direita e córtex pré-frontal ventromedial (vmPFC) para a Teoria da Mente no autismo: um estudo randomizado, com controle de simulações, utilizando tDCS.
(SALEHINEJAD *et al.*, 2021)

Este estudo demonstrou uma melhora significativa na capacidade de reconhecimento de emoções, percepção e imitação – habilidades fundamentais e precursoras da Teoria da Mente (ToM), após três sessões de ETCC (1 mA, 20 min.) na região do vmPFC e na junção temporoparietal.

Estimulação transcraniana de corrente contínua (ETCC) sobre o córtex pré-frontal dorsal lateral esquerdo em crianças com transtorno do espectro autista (TEA).
(QIU *et al.*, 2021)

Neste estudo, simples-cego e randomizado, investigou-se o efeito da neuromodulação no tratamento de três semanas com ETCC no dlPFC-E em crianças com TEA. A descoberta foi que crianças com TEA podem tolerar tratamento de ETCC por três semanas sem eventos adversos detectados e que o ETCC produziu uma redução significativa na pontuação de escalas específicas de sintomas do autismo (CSHQ e CARS). Esses resultados implicaram até que a ETCC possa melhorar a qualidade do sono em crianças com TEA. Além disso, crianças com sintomas mais graves tendem a ter uma resposta maior ao tratamento com ETCC.

Estimulação cerebral por tDCS como opção de tratamento em TEA – uma revisão sistemática.
(LUCKHARDT *et al.*, 2021)

Esta revisão concluiu que os estudos que examinaram a ETCC como uma nova opção de tratamento no TEA mostraram evidências iniciais de que ele pode ter efeitos positivos nos sintomas do transtorno, tanto nas funções cognitivas, quanto motoras. Há, no entanto, uma variabilidade considerável nas metodologias empregadas, o que impede qualquer conclusão cabal sobre os parâmetros de estimulação ideais. Sendo assim, mais pesquisas sistemáticas são necessárias para confirmar e expandir essas descobertas iniciais, que já se mostram bastante animadoras.

Como pôde-se perceber, embora sejam apresentados diversos estudos nos quais as metodologias de neuromodulação demonstram melhoras generalizadas no tratamento dos sintomas do TEA, outros estudos ainda são necessários para referendar esse modelo terapêutico como uma alternativa significativamente efetiva para o tratamento das dificuldades relacionadas ao TEA. Contudo, os demostrados ganhos cognitivos, comportamentais e fisiológicos na pessoa com TEA a partir da intervenção com o uso de neuromodulação posicionam essas metodologias, bem como seu crescente corpo de evidências relatadas nos últimos anos, como técnicas experimentais promissoras para promover o bem-estar e a qualidade de vida de crianças e adultos com autismo.

Referências

DONOVAN, A. P. A.; BASSON, M. A. The neuroanatomy of autism – a developmental perspective. *Journal of Anatomy*, v. 230, p. 4-15, 2016.

FINISGUERRA, A. *et al.* Non-invasive Brain Stimulation for the Rehabilitation of Children and Adolescents With Neurodevelopmental Disorders: A Systematic Review. *Frontiers in Psychology*, v. 10, 2019.

GARCÍA-GONZÁLEZ, S. *et al.* Transcranial direct current stimulation in Autism Spectrum Disorder: A systematic review and meta-analysis. *European Neuropsychopharmacology*, [s. l.], v. 48, p. 89-109, 2021.

KHALEGHI, A. *et al.* Effects of Non-invasive Neurostimulation on Autism Spectrum Disorder: A Systematic Review. *Clinical Psychopharmacology and Neuroscience*, v. 18, n. 4, p. 527-552, 2020.

LUCKHARDT, C. *et al.* Chapter 10 – Brain stimulation by tDCS as treatment option in Autism Spectrum Disorder: a systematic literature review. *Progress in Brain Research*, v. 264, p. 233-257, 2021.

QIU, J. *et al.* Transcranial Direct Current Stimulation (tDCS) over the Left Dorsal Lateral Prefrontal Cortex in Children with Autism Spectrum Disorder (ASD). *Neural Plasticity*, v. 2021, 2021.

SALEHINEJAD, M. A. *et al.* Contribution of the right temporoparietal junction and ventromedial prefrontal cortex to theory of mind in autism: A randomized, shamcontrolled tDCS study. *Autism Research*, p. 1–13, 2021.

WILSON, J. E. *et al.* Transcranial direct current stimulation (tDCS) over right temporoparietal junction (rTPJ) for social cognition and social skills in adults with autism spectrum disorder (ASD). *Journal of Neural Transmission,* v. 125, p. 1857-1866, 2018.

24

TREINAMENTO PARA ACOMPANHANTES TERAPÊUTICOS (AT) NA REPLICAÇÃO DA INTERVENÇÃO EM ABA

Neste capítulo falaremos sobre a importância do acompanhante terapêutico (AT) receber treinamento para realizar intervenções em análise do comportamento aplicada (ABA) aos pacientes com autismo, considerando-se que a efetividade do tratamento e prognóstico também podem estar relacionados (além dos fatores biológicos) com quem, como e quanto as estimulações são realizadas.

AMANDA PLACONÁ E ISABELA REIS

Amanda Placoná

Contatos
www.ampliaric@gmail.com
ampliaric@gmail.com
Instagram: @ampliaric
11 99105 8382

Formada em Psicologia; especialista em ABA e mestranda em Intervenção Psicológica no Desenvolvimento e na Educação. Fundadora da clínica Ampliar Intervenção Comportamental, realiza supervisões para equipe multidisciplinar, treinamento para pais, profissionais e equipes, e desenvolve projetos sociais, levando orientações e formações para outros locais que necessitam de assistência. Coautora do livro: *Autismo: um olhar a 360°*; tem experiência de mais de uma década na área da inclusão social, ONGs e rotina clínica.

Isabela Reis

Contatos
www.ampliaric@gmail.com
isabelareis.ampliar@gmail.com
instagram: @psico.isabelareis
11 99105 8382

Psicóloga e acompanhante terapêutica; pós-graduanda em Intervenção em ABA e Déficit Intelectual. Principais experiências profissionais como acompanhante terapêutica escolar, clínica e domiciliar, auxiliando nas rotinas e replicação de terapias ABA para crianças e jovens com atrasos no neurodesenvolvimento. Atualmente, atua como psicóloga, coordenadora e assistente de supervisão, auxiliando na prática/supervisão de outras ATs, na perspectiva da análise do comportamento aplicada (ABA), com crianças e jovens com atrasos no neurodesenvolvimento, na clínica Ampliar Intervenção Comportamental.

A atuação dos Acompanhantes Terapêuticos (ATs) surgiu em meados dos anos 1960, na Argentina. Esses profissionais já foram conhecidos como: amigo qualificado, atendente psiquiátrico, auxiliar psiquiátrico e acompanhante domiciliar até chegar ao que conhecemos hoje: Acompanhante Terapêutico (AT). Nessa época, os programas de intervenções acompanhavam o modelo clínico, reabilitando as áreas deficitárias no desenvolvimento e apenas o profissional especialista realizava as estimulações, a família não tinha participação no processo.

As primeiras aparições dos ATs no Brasil foram em São Paulo e Rio de Janeiro, nos anos 1970. Nessa época, surgiu o modelo ecológico/transacional de intervenção que, diferente do modelo clínico, envolvia a ampliação de locais e pessoas ao longo do tratamento, considerando-se outros contextos, principalmente, o familiar.

Em meados dos anos 1990, entendeu-se a importância da atuação acontecer *in loco*/, isto é, onde o desenvolvimento do indivíduo ocorria. Os efeitos desse tipo de intervenção se tornaram positivos, aumentando a procura dos ATs como profissionais, mas ainda hoje, no Brasil, não existe nenhuma lei que regulamenta a prática do AT como profissão.

Em paralelo, cresceu a procura da terapia com base na Análise do Comportamento Aplicada (ABA) para pessoas com prejuízos nas áreas emocionais, cognitivas ou comportamentais, o que abriu espaço para a prática do AT.

Para que o atendimento ocorra em outros locais, com intensidade e durabilidade, o AT realiza as estimulações que variam entre 15 e 40 horas semanais por, no mínimo, 2 anos (a depender do caso). O período do desenvolvimento humano e o nível do autismo também interferem no suporte e na organização das horas de terapia.

Por isso, é um equívoco pensar que apenas um profissional realiza a intervenção. Contamos com uma equipe composta por mais profissionais, com objetivo de gerar resultados por meio do tratamento, propondo a qualidade de vida do paciente e seus familiares de acordo com as principais dimensões da ABA.

É fundamental implementar a carga horária indicada para o tratamento e o AT é um dos profissionais essenciais para a viabilização dos atendimentos. O profissional irá aplicar as intervenções estabelecidas no plano de ensino individualizado (PEI), elaborado pelos profissionais que supervisionam o caso e colaboram para as escolhas dos objetivos terapêuticos, para a coleta de dados e outros.

Para garantir eficácia na intervenção, além do plano terapêutico com o paciente, é necessário o treinamento da equipe que o atende. A capacitação dos profissionais exige do supervisor: qualificações, habilidades (técnicas e interpessoais), condutas éticas e compreensão sobre processos de ensino-aprendizagem; compreender quais são as dúvidas, capacitá-los, mostrar a prática vinculada com a teoria e ter disponibilidade para prestar assistência quando necessário.

Já o profissional AT precisa ter conhecimento teórico, compreender e conhecer os conceitos básicos da ABA, conhecer psicopatologias e desenvolvimento humano de acordo com a faixa etária do atendimento, ter habilidades de observação, registrar e compreender as aplicações das técnicas. Também devem estar somadas as habilidades interpessoais e sociais como organização, planejamento, ética, compromisso e formação continuada.

Porém, além das competências citadas anteriormente, também existem treinamentos que são formas eficientes de desenvolvimento de equipe, não só para área da ABA, mas também para outros tipos de serviços. Daremos enfoque ao treinamento chamado *Behavioral Skills Training* (BST), que tem sido utilizado para treinar profissionais e familiares, na área da ABA, para autismo.

O BST tem fundamentação da ciência ABA, no qual o processo de ensino-aprendizagem entre o treinador (supervisor) e o profissional (AT) é dividido em quatro etapas, respectivamente:

1. **Instrução:** o treinador precisa disponibilizar material claro e objetivo escrito e/ou falado, contendo a informação sobre como deve ser feita a intervenção no comportamento-alvo do paciente. (Exemplo: treinador elabora aulas em *slides*/apostilas/aulas faladas.)
2. **Modelação:** a habilidade é mostrada, ou seja, utiliza-se a aprendizagem por imitação da forma como atuar com o paciente. (Exemplo: profissional vê vídeos do comportamento-alvo sendo ensinado ao paciente.)
3. ***Role play:*** o treinador deve mostrar uma habilidade e o profissional deve reproduzi-la, dando-se oportunidade de mostrar, executando-a como

uma "encenação" do atendimento com o paciente. (Exemplo: treinador recria um caso prático para que seja reproduzido pelo profissional, junto com a resolução e manejos necessários.)

4. ***Feedback:*** o treinador observa o profissional, que mostra como realiza a intervenção no comportamento-alvo do paciente e, simultaneamente, o treinador observa o desempenho e orienta o que for necessário para melhorias/ideias.

Dentro da técnica BST, existe a chamada técnica *on the job*. Na qual o treinador vai até o local da aplicação para realizar a observação e, após realizá-la e registrá-la, disponibiliza o *feedback* para o profissional, com dois objetivos principais: 1) melhorar os resultados para os pacientes nos atendimentos; 2) melhorar a atuação do AT no campo de trabalho, para que seja mantidas e/ou aperfeiçoadas.

Além da supervisão *in loco*, a modalidade on-line desse tipo de suporte tem aparecido com mais frequência nos últimos anos. Mostra-se eficaz, desde que haja um processo bem estabelecido entre o profissional que treina (supervisor/assistente) e o que aprende (AT). Criar processos e formas de treinamento contínuo é fundamental para os resultados terapêuticos.

O AT pode ser formado/estudante de Psicologia ou outras áreas da saúde/educação e não atua apenas com autismo. Embora muito se fale desta função nos casos de pessoas com TEA e na terapia com base em ABA, existem outros campos de atuação e abordagens a que estes profissionais atendem.

Cabe ao AT: 1) seguir o Plano de Ensino Individualizado (PEI); 2) organizar o ambiente e os recursos que serão utilizados na sessão; 3) criar vínculo com o cliente e família; 4) coletar e registrar os dados observados; 5) acolher a família do cliente e 6) participar ativamente das supervisões;

Durante toda atuação, é interessante que o AT conheça as sete dimensões da ABA, sendo elas: 1) aplicada (relevância social); 2) comportamental (modificações de comportamento); 3) analítica (dados mensuráveis); 4) tecnológica (procedimentos replicáveis); 5) conceitual (procedimentos de acordo com a teoria e baseados na ciência); 6) efetiva (mudanças significativas no comportamento); 7) generalizável (resultados que duram e são vistos em todos os contextos).

Quando passam por supervisão e treinamento (de maneira consistente, atenciosa, coerente e fidedigna aos estudos e práticas científicas), observam-se diversos resultados positivos. Passar por supervisão não significa que o profissional não seja capacitado, mas na área da saúde/educação é de suma importância que tenhamos o supervisor para trocar experiências e/ou informações, como forma de aumentar a eficácia do atendimento, analisando os dados coletados e relacionando-os com as propostas terapêuticas, entre outras possibilidades.

De acordo com a literatura, se o AT atende um paciente por 10 horas semanais, deverá realizar pelo menos 2 horas semanais de supervisão, de maneira ética, centrada no cliente, nos seus contextos (familiares, escolares, sociais...) e experiências práticas, para desenvolver melhor o raciocínio clínico e ampliar as possibilidades de atuação.

Sendo assim, quando o AT passa por treinamento e supervisão, promove a integração de mais pessoas na intervenção, como familiares e equipe de diferentes profissionais, com o objetivo de conciliar os procedimentos/intervenções e levar para outros ambientes o que é necessário para o caso, na quantidade de horas indicadas, a fim de desenvolver o paciente em todos os contextos em que ele está inserido.

Referências

AMORAS, P. A. T.; MARTINS, M. das G. T.; FERREIRA, P. A. O behavior skills training (BST) em profissionais para manejo de comportamentos desafiantes em crianças com autismo. *Revista Ibero-Americana de Humanidades, Ciências e Educação*, v. 8, n. 4, p. 1234-1256, 2022.

BRITO, A. T. S. *Prática educativa no AEE: os efeitos do manejo comportamental no uso de comunicação alternativa e ampliada para o favorecimento da comunicação dos alunos com autismo*. 2016. Tese de Doutorado. Tese de Doutorado, Centro de Ciências da Educação, Universidade Federal do Piauí – UFPI. Repositório da UFPI. Disponível em: <https://ufpi.br/arquivos_download/arquivos/01_Tese_A%C3%ADda_Teresa_dos_Santos_Brito120190705100220.pdf>. Acesso em: 09 jan. de 2023.

CAMARGO, S. P. H.; RISPOLI, M. Análise do comportamento aplicada como intervenção para o autismo: definição, características e pressupostos filosóficos. *Revista Educação Especial*, v. 26, n. 47, p. 639-650, 2013.

CARNEIRO, F. A. G. Habilidades pré-requisitos indicadas para a atuação do acompanhante terapêutico na perspectiva analítico-comportamental. *Rev. Transformações em Psicologia*, v. 5, n. 1, p. 1-26, 2014.

CUNHA, A. C.; PIO, D. A. M.; RACCIONI, T. M. Acompanhamento terapêutico: Concepções e possibilidades em serviços de saúde mental. *Psicologia: Ciência e Profissão*, v. 37, p. 638-651, 2017.

LONDERO, I.; PACHECO, J. T. B. Por que encaminhar ao acompanhante terapêutico? Uma discussão considerando a perspectiva de psicólogos e psiquiatras. *Psicologia em estudo*, v. 11, p. 259-267, 2006.

MARCO, M. N. da C.; CALAIS, S. L. Acompanhante terapêutico: caracterização da prática profissional na perspectiva da análise do comportamento. *Revista Brasileira de Terapia Comportamental e Cognitiva*, v. 14, n. 3, p. 4-33, 2012.

MARTONE, M. C. C. Tradução e adaptação do Verbal Behavior Milestones Assessment and Placement Program (VB-MAPP) para a língua portuguesa e a efetividade do treino de habilidades comportamentais para qualificar profissionais. 2017.

MATOS, D. C. Efeitos do Behavioral Skills Training sobre o Desempenho de Universitários no Atendimento a Crianças Autistas. *Revista Brasileira de Terapia Comportamental e Cognitiva,* v. 23, p. 1-25, 2021.

NASCIMENTO, V. G.; SILVA, A. S. P.; DAZZANI, M. V. M. Acompanhamento terapêutico escolar e autismo: caminhos para a emergência do sujeito. *Estilos da Clínica*, v. 20, n. 3, p. 520-534, 2015.

NETO, R. O. R.; PINTO, A. C. T.; OLIVEIRA, L. G. A. Acompanhamento terapêutico: história, clínica e saber. *Psicologia: ciência e profissão*, v. 31, p. 30-39, 2011.

PELÚCIO, L. M; SILVA, J. C. de A.; SOUZA, ANDRADE, R. Â. *A importância do acompanhamento terapêutico como estratégia de intervenção auxiliar à clínica tradicional.* 2019. Disponível em: <https://repositorio.ufc.br/bitstream/riufc/48257/1/2019_capliv_lmpeluciojcasilva.pdf>. Acesso em: maio de 2023.

SANTOS, J. V. S.; CARVALHO, T. M. *O histórico da atuação do acompanhante terapêutico.* Faculdade de Apucarana. Paraná: Apucarana, 2020.

SERENO, D. Sobre a ética no acompanhamento terapêutico (AT). *Psicologia Revista*, v. 21, n. 2, p. 217-232, 2012.

VIANA, A. B.; XAVIER, L. L.; VIANA, L. N. *Os efeitos de um modelo de treinamento de terapeutas em aba para crianças diagnosticadas com autismo.* Universidade São Judas Tadeu. Curso de Psicologia, 2022.

[illegible] Acompanhamento [illegible] atividades [illegible]

[illegible] acompanhamento [illegible]

[illegible]

[illegible]

[illegible] p. [illegible]

[illegible]

[illegible]

[illegible]

[illegible]

[illegible]

[illegible]

25

ALFABETIZAÇÃO DE CRIANÇAS COM AUTISMO

UM ESTUDO BIBLIOMÉTRICO

O transtorno do espectro autista tem sido um desafio à inclusão escolar. Este estudo investigou a produção brasileira, de natureza empírica, acerca do processo de alfabetização dessa população por meio de uma revisão de literatura de natureza bibliométrica. O recorte temporal englobou o período de 2008 a 2022 e a base de dados foi o Banco de Dissertações e Teses da CAPES. Encontramos 25 estudos condizentes com os critérios de inclusão, a maioria realizada por psicólogas e com vantagem para a UFSCar. Não obstante, a curva tendencial aponta um aumento dessas pesquisas nos últimos anos, mostrando um dado promissor para o desenvolvimento de tecnologias de ensino bem fundamentadas em pesquisa científica.

LUCELMO LACERDA, VINICIUS LACERDA E KELVIS SAMPAIO

Lucelmo Lacerda

Contato
Instagram: @lucelmo.lacerda

Doutor em Educação pela PUC-SP, possui estágio de pós-doutorado em Educação Especial no Departamento de Psicologia - UFSCar, professor da Especialização em Autismo TEA-TDIC da Universidade Federal de Tocantins, autor do livro *Transtorno do Espectro Autista: uma brevíssima introdução*, especialista em Educação Especial, Inclusiva e Políticas de Inclusão. Pesquisa a representação da pessoa com TEA, Inclusão escolar e Mediação escolar em processos inclusivos, atuou como especialista no Grupo de Trabalho do Conselho Nacional de Educação - CNE de revisão das Diretrizes Nacionais de Educação Especial.

Vinicius Lacerda

Contato
Instagram: @viniciuslacerda.neurociencia

Graduando em Medicina pela Universidade Anhembi Morumbi

Kelvis Sampaio

Contatos
kelvissampaio@gmail.com
Instagram: @psi.kelvissampaio.aba

Psicologo clínico infantil, mestre em Ciências do Comportamento Humano pela UnB; formação em protocolos do desenvolvimento ABLLS-r, VBMAPP, Portage, AFLS. Formação em PECS nível 1. Diretor clínico na LUNA Rio. Supervisor sênior na LUNA ABA. Pesquisador na área de alfabetização, equivalências de estímulos, tecnologias de inclusão para pessoas com TEA.

O transtorno do espectro autista (TEA) é uma condição de causa ainda não bem conhecida (embora saibamos que seja quase sempre genética, mas sua constituição é quase sempre múltipla e complexa). Como um espectro, o TEA pode trazer prejuízos diferentes no domínio da comunicação social. Podemos ter um jovem gênio da física quântica aos 14 ou alguém que aprende inglês e russo sozinho aos 3 anos de idade, por um lado e, por outro, uma pessoa que não fale e não entenda a fala de outrem. Neste extremo mais severo, grande parte do contingente com autismo possui também deficiência intelectual (MATSON; SHOEMAKER, 2009), o que faz com que o processo de alfabetização dessas crianças seja mais desafiador e, muitas vezes, fracassado.

O ensino da maior parte das habilidades às pessoas com TEA tem como referência pesquisas estrangeiras, com enorme investimento nos países centrais. Isto é, se precisamos ensinar uma pessoa com TEA a ingerir novos alimentos, a falar, a reduzir a agressividade, entre outros, podemos dispor das chamadas "Práticas Baseadas em Evidências" (LACERDA *et al.* 2017), mas quando se trata de alfabetização, esta utilização pode ser mais questionável, já que o idioma influencia decisivamente o processo de aprendizagem. Desta forma, as evidências de ensino de leitura e escrita devem ser, idealmente, realizadas na língua a ser ensinada.

Esta pesquisa levantou o seguinte problema: "Qual a produção empírica acerca da alfabetização de pessoas com autismo no Brasil entre 2008 e 2022?", assim nos propusemos a responder essa pergunta através de uma revisão bibliométrica da literatura.

Materiais e métodos

A pesquisa é uma revisão de literatura, de natureza bibliométrica, realizada no banco de Dissertação e Teses da CAPES, tendo como descritores "Autismo AND (alfabetização OR leitura OR equivalência)", elaborados após a leitura de uma série de trabalhos sobre a temática. O período recortado foi de 2008 a 2022, focando-se especificamente a partir da publicação da Política Nacional de Educação Especial na Perspectiva da Educação inclusiva (PNEEPEI), que radicalizou o processo de matrícula de pessoas com deficiência na rede regular de ensino e, por conseguinte, pressionou os processos e preocupações em torno do ensino de natureza acadêmica à pessoas com deficiência, sendo a alfabetização o mais importante desses conteúdos.

O critério de inclusão era de estudos que atendessem às seguintes características: a) fossem empíricos; b) tivessem população com autismo (embora não houvesse problema se houvesse outros públicos); c) açambarcasse qualquer elemento do amplo processo de alfabetização, mas em referência a ele.

Os critérios de exclusão eram: a) estudos que não fossem empíricos; b) estudos que se limitassem ao ensino de relações de identidade, que é base para alfabetização, mas também para muitas outras habilidades.

Resultados e discussão

Foram encontrados no total 142 trabalhos na base de dados. Após a leitura de todos os resumos, apenas 25 cumpriram os critérios de inclusão, tendo sido organizados e classificados conforme a Tabela 1:

Trabalhos empíricos sobre alfabetização entre 2008 e 2022

NOME	ANO	INSTITUIÇÃO	DOCUMENTO	ÁREA	TÍTULO
Bagaiolo, Leila	2009	USP	Tese em Psicologia Experimental	Psicologia	Padrões de aquisição de discriminação condicional durante a emergência do controle por unidades verbais mínimas em leitura em crianças com autismo e desenvolvimento típico
Camila Graciella S. Gomes	2011	UFSCar	Tese em Educação Especial	Educação	Aprendizagem relacional, comportamento simbólico e ensino de leitura a pessoa com Transtorno do Espectro do Autismo
Larissa Chaves S. Santos	2012	PUC-SP	Dissertação em Psicologia Experimental: Análise do Comportamento	Psicologia	Avaliação de um procedimento para aquisição de leitura em crianças com diagnóstico de autismo
Priscila B. Afonso	2015	UFSCar	Tese em Psicologia	Tecnologia	Capacitação de pais e professores para ações integradas de ensino de leitura e escrita para aprendizes com autismo e deficiência intelectual.
Leana V. Bernardes	2015	PUC-GO	Dissertação em Psicologia	Psicologia	Programa de Leitura para Pessoas com Diagnóstico de Autismo
Gisele S. R. do Nascimento	2016	UFF	Dissertação em Diversidade e Inclusão	Educação	Método de alfabetização para alunos autistas (MAPA): alternativa da clínica-escola do autista
Glenda M. Paixão	2016	UFPA	Tese em Teoria e Pesquisa do Comportamento	Psicologia	Aplicação de um programa de ensino de leitura e construção de sentenças para crianças com autismo.
Jessica B. R. Bastos	2016	PUC-SP	Dissertação em Educação: Psicologia da Educação	Educação	Ensino de leitura para crianças autistas, por meio de um instrumento informatizado
Elizabeth Walter	2017	UFRN	Dissertação em Educação	Educação	Os efeitos de um programa de compreensão da leitura oral dialógica com uma criança com autismo
Lara R. Queiroz	2017	UNB	Dissertação em Ciências do Comportamento	Psicologia	Leitura dialógica: efeitos no desenvolvimento de comportamento verbal em crianças com Transtorno do Espectro Autista (TEA)
Ezequiel B. Farias	2017	UFAL	Dissertação em Informática	Tecnologia	Validação empírica de uma abordagem para alfabetização de autistas utilizando aplicativos para dispositivos móveis
Thayline Oliveira	2017	UFPA	Dissertação em Teoria e Pesquisa do Comportamento	Psicologia	Aprendizagem por exclusão: análise de um procedimento de ensino em crianças diagnosticadas com autismo

Ana E. Millan	2018	UFSCar	Dossertação em Educação Especial	Educação	Equivalência de estímulos e ensino de habilidades rudimentares de leitura para alunos com autismo
Larissa K. C. Meyer	2018	UNIVAS	Dissertação em Educação	Educação	A compreensão de leitura e a Teoria da Mente em crianças com autismo
Bianca N. Peixoto	2018	UFRGS	Dissertação em Educação	Educação	Jogos adaptados com comuncação alternativa: mediação no letramento de crianças com Transtorno do Espectro Autista
Keila R. Torezan	2018	UFSCar	Tese em Educação Especial	Educação	Programa motivacional para o Desenvolvimento de habilidades leitoras a alunos com baixo rendimento
Stephanny P. N. Silva	2018	UERJ	Dissertação em Educação	Educação	PROLECA: Porgrama de Leitura e Comunicação para crianças com Autismo
Jennifer Y. F. de Lima	2019	FMABC	Tese em Ciências da Saúde	Tecnologia	Uso de jogos de realidade aumentada com controle do movimento para aprimorar o desempenho na alfabetização e tempo de reação em pessoas com Transtorno do Espectro Autista
Maicris Fernandes	2019	PUC-PR	Dissertação em Tecnologia em Saúde	Tecnologia	Jogo assistivo para auxiliar no processo de alfabetização de crianças com Transtorno do Espectro do Autismo
Paula E. F. Bacaro	2020	UEM	Tese em Educação	Educação	Transtorno do Espectro do Autismo e integração sensorial: o processo de aquisição da leitura e escrita em uma abordagem responsiva de aprendizagem
Laiza R. Silva	2020	USP	Dissertação em Ciências da Computação e Matemática Computacional	Ciências da Computação	Uso da Gamificação e DTT para Melhorar a Aprendizagem e Aumentar o Engajamento de Crianças com Autismo no Contexto da Alfabetização
Karine de A. Peters	2020	FEEVALE	Dissertação em Letras	Educação	O ensino personalizado e o protagonismo de uma criança com TEA em processo de alfabetização
Jane S. A. Luz	2020	UNIFESSPA	Dissertação em Letras	Educação	Currículo funcional natural e Transtorno do Espectro Autista - TEA: metodologias e estratégias de leitura e produção escrita no 2º ano do Ensino Fundamental
Katia F. Muller	2021	UFSM	Dissertação em Educação	Educação	Intervenção precoce: programa de leitura para crianças com e sem autismo
Fernanda de C. Polonio	2022	UEM	Tese em Educação	Educação	A alfabetização de pessoas com Transtorno do Espectro Autista não verbais

Fonte: os autores.

As linhas tendenciais das pesquisas no tempo, a distribuição entre as áreas e também as instituições mais produtivas na área se tornaram alvos de nossa investigação. Tabulamos esses dados para uma melhor visualização nos gráficos 1, 2 e 3.

Gráfico 1 – Linha tendencial de estudos empíricos sobre alfabetização em autismo.

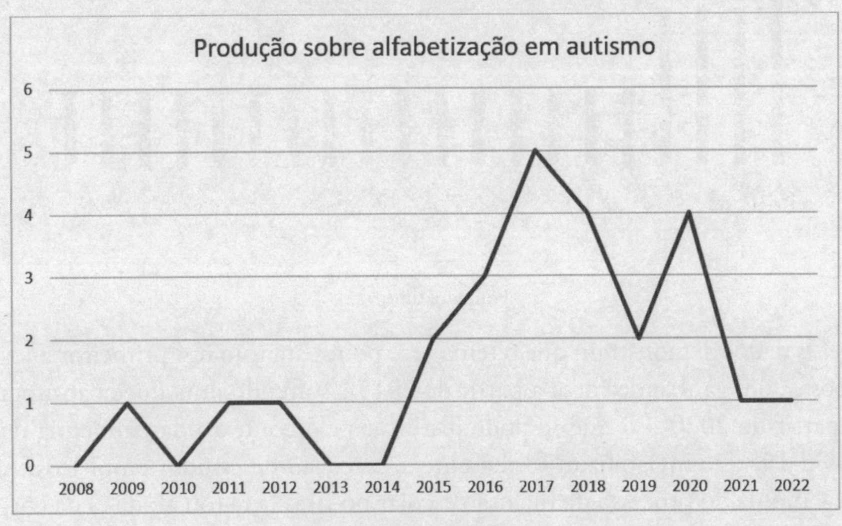

Fonte: os autores.

Gráfico 2 – Áreas de produção

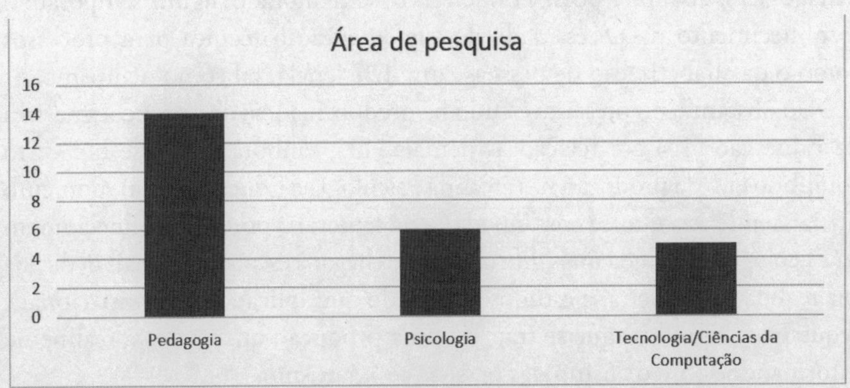

Fonte: os autores.

Gráfico 3 – Instituições de produção

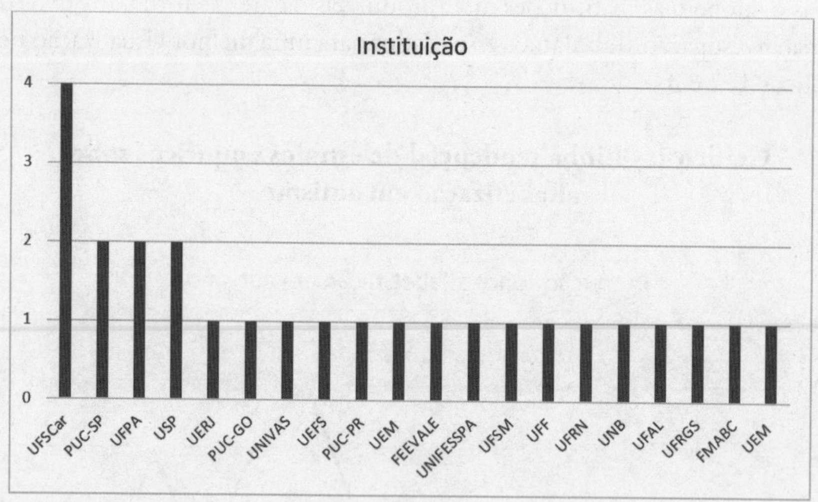

Fonte: os autores.

Os dados demonstram que o tema teve pouca atenção nos primeiros anos após 2008, ganhando força a partir de 2015 e sofrendo uma queda abrupta a partir de 2020 – o que se pode justificar pelo contexto da pandemia de covid-19, que inviabilizou fortemente a execução de estudos empíricos. A hegemonia do processo de inclusão escolar no Brasil era (ou ainda é) da corrente que denominamos **Inclusão Total** (MENDES, 2006), para a qual a inclusão depende muito mais de uma atitude inclusionista do que do domínio de técnicas que permitam o ensino de pessoas com diferentes necessidades pedagógicas. Assim, é possível que tenha se demorado algum tempo até o reconhecimento da necessidade de suplementação técnica para processos como o da alfabetização de pessoas com deficiência, tal como o autismo.

Não obstante, no presente estudo há predominância de produções na área da Educação (13) em relação às demais (11), embora houvesse um certo equilíbrio entre a produção nas áreas da Psicologia e Educação num momento inicial, tendência que, se continuada, seria temerária porque o conhecimento da Psicologia tem ainda mais dificuldade de chegar à escola e está mais dedicada (na realidade brasileira) a estudos básicos do que aplicados ou translacionais, o que pode significar que se trata de uma produção que não está realmente informando sobre o ensino das pessoas com autismo.

A Universidade Federal de São Carlos (USFCar) aparece como uma liderança nesse campo de pesquisa, seguida (com metade da produção) pela

Universidade Federal do Pará (UFPA), que está empatada com a Pontifícia Universidade de São Paulo (PUC-SP), mas com uma produção ainda muito aquém do necessário.

Ao analisarmos o perfil de cada pesquisador, o dado de outras graduações passou a ser inserido para enriquecer ainda mais esta análise. Note-se que, quando havia mais de uma graduação, colocamos todas 1 (um).

Gráfico 4 – Formação das pesquisadoras

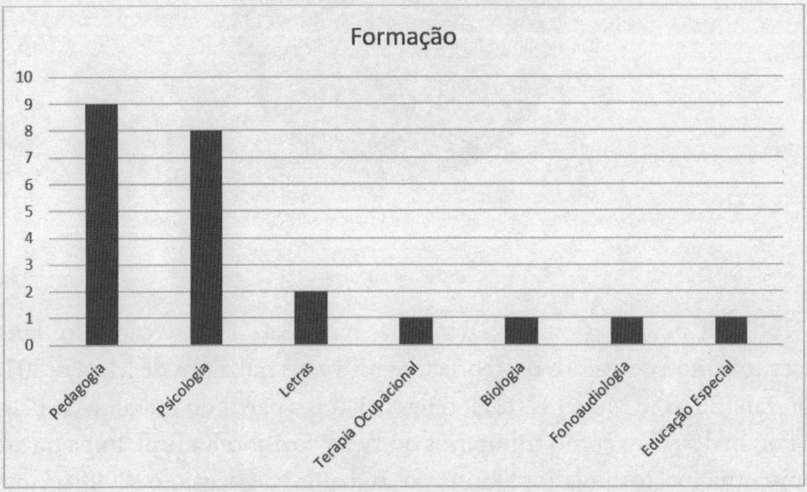

Formação

Formação	Valor
Pedagogia	9
Psicologia	8
Letras	2
Terapia Ocupacional	1
Biologia	1
Fonoaudiologia	1
Educação Especial	1

Fonte: os autores.

Demonstrou-se aqui o desequilíbrio não revelado nos dados anteriores: a alfabetização da criança com autismo não é encarada ainda como um desafio da educação especial, mas da psicologia, o que distancia a universidade do mundo real da escolarização das pessoas com o TEA.

Importante notar que mais de 90% (22) das pesquisas foram escritas por mulheres, o que assente com o dado de Michael Apple de feminização do magistério (APPLE, 1995), e embora a maior parte das pesquisadoras seja psicóloga e não professora, o fato é que o estudo empírico foi um processo de ensino.

Dos trabalhos selecionados, foram destacadas a linhas teóricas às quais a investigação pertencia, chegando aos números descritos no Gráfico 5:

Gráfico 5 – Linhas teóricas de investigação

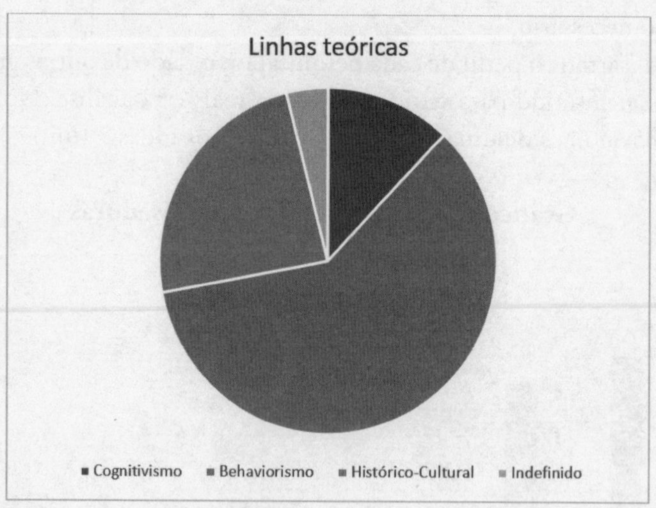

Fonte: os autores.

Todos as pesquisas estão relacionadas na Tabela 1 deste capítulo. Foram descritos como derivados da Teoria Cognitiva, os trabalhos de Meyer (2018), Torezan (2018) e Muller (2021), referenciados a partir do trabalho de Piaget.

Foram descritos como tributários do Behaviorismo Radical, linha que tem como principal formulador Skinner, os trabalhos de Bagaiolo (2009), Gomes (2011), Santos (2012), Afonso (2015), Bernardes (2015), Paixão (2016), Bastos (2016), Nascimento (2016), Oliveira (2017), Queiroz (2017), Millan (2018), Antão (2019), Silva (2020), Peters (2020) e Luz (2020).

Apresentaram-se como derivados do trabalho de Vigostky os trabalhos de Walter (2017), Farias (2017), Nunes (2018), Silva (2018) e Bacaro (2020).

Importante salientar que ter um referencial teórico não quer dizer ignorar outras correntes; como exemplo, citemos o caso de Meyer (2018, p. 67), que, apesar de declarar um referencial cognitivista, baseado em Piaget, informa também pautar-se por elementos vigotskyanos ao afirmar que: "Este trabalho apresenta algumas considerações práticas e políticas advindas da Teoria Histórico-cultural [...]".

Por outro lado, o referencial teórico não é necessariamente bem definido, como no caso de Fernandes (2021), em que não se pode identificar nitidamente uma tendência referencial incorporada.

Esse amplo predomínio behaviorista é consistente com as práticas baseadas em evidências para intervenções de saúde e educação para pessoas com o

TEA, que são predominantemente derivadas da análise do comportamento aplicada, que é uma linha behaviorista de atuação (NATIONAL AUTISM CENTER, 2015). No entanto, no contexto brasileiro, o behaviorismo enfrenta uma série de resistências no campo educacional e os professores recebem uma formação equivocada sobre o tema na maior parte das universidades (GIOIA, 2004), dificultando a compreensão e mobilização desses conhecimentos em sua prática escolar.

Outro destaque em nossas análises tem relação com o local de pesquisa, que é uma questão tão intrincada com sua natureza. O Gráfico 6 mostra o resultado:

Gráfico 6 – Local de investigação

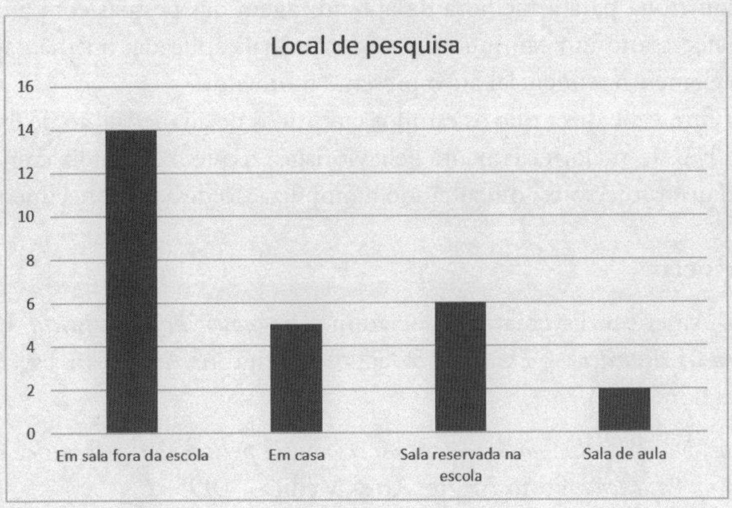

Fonte: os autores.

Apesar de nem todas as pesquisadoras informarem o local em que foram realizadas as investigações, na descrição do trabalho, fica evidente que se trata de ambientes reservados, coadunando com o informado pelas demais. O principal conhecimento que pode ser formulado a partir desse dado é o de que estamos produzindo trabalhos sobre processos básicos de alfabetização e não sobre o fenômeno aplicado de ensino de alfabetização em seu ambiente natural (sala de aula), com os sujeitos pertinentes a esse contexto (professores). Embora a pesquisa básica seja fundamental, ela é o primeiro passo de um processo que vai até a pesquisa aplicada, com um conhecimento que chega aos espaços sociais em que ele é requerido.

Conclusão

A partir da PNEEPEI, no ano de 20018, durante uma década avançou-se na pesquisa acerca dos processos de ensino dos comportamentos de leitura e escrita de pessoas com TEA.

Apesar de termos um número maior de estudos acerta dessa temática central e de a curva tendencial apontar para um aumento desse tipo de estudo, eles ainda estão majoritariamente fora do universo escolar, mais próximos à pesquisa psicológica, o que pode ser um problema para a inclusão das pessoas com autismo, na atualidade. Essas pesquisas ocorrem quase sempre fora da sala de aula (com uma única exceção), oferecendo um pobre subsídio à prática escolar inclusiva ou especial no país. Para que esse conhecimento de fato contribua para a melhora da aprendizagem das pessoas com autismo, faz-se necessário um caminho de produção mais aplicada, que não aparece como elemento tendencial até o presente momento.

Por fim, cabe dizer que os estudos empíricos de alfabetização de crianças com TEA são majoritariamente behavioristas, o que não condiz com a formação dos professores, dificultando a mobilização desses conhecimentos.

Referências

APA – American Psychiatry Association. *Diagnostic and Statistical Manual of Mental disorders – DSM-5*. 5. ed. Washington: American Psychiatric Association, 2013.

APPLE, M. *Trabalho docente e textos: economia política das relações de classe e gênero na educação.* Porto Alegre: Artes Médicas, 1995.

BAIO, J. *et al.* Prevalence of autism spectrum disorder among children aged 8 years – autism and developmental disabilities monitoring network, 11 sites, United States, 2014. *MMWR Surveillance Summaries*, v. 67, n. 6, p. 1, 2018.

GOMES, C. G. *Ensino de leitura para pessoas com autismo.* Curitiba: Appris, 2016.

LACERDA, L. *Transtorno do espectro autista: uma brevíssima introdução.* Curitiba: CRV, 2018.

MATSON, J. L.; SHOEMAKER, M. Intellectual disability and its relationship to autism spectrum disorders. *Research in developmental disabilities*, v. 30, n. 6, p. 1107-1114, 2009.

MENDES, E. G. A radicalização do debate sobre inclusão escolar no Brasil. *Rev. Bras. Educ.*, v. 11, n. 33, p. 387-405, dec. 2006. Disponível em: <http://www.scielo.br/scielo.php?script=sci_arttext&pid=S1413-24782006000300002&lng=en&nrm=iso>. Acesso em: 01 jun. de 2023.

NATIONAL AUTISM CENTER. *Findings and conclusions: National standards project, phase 2.* Randolph: Author. 2015.

ORSATI, F. T. *et al. Práticas para a sala de aula baseadas em evidências.* São Paulo: Memnon, 2015.

ZABLOTSKY, B.; BLACK, L. I.; BLUMBERG, S. J. Estimated prevalence of children with diagnosed developmental disabilities in the United States, 2014-2016. *NCHS Data Brief*, n. 291, p. 1-8, 2017.

26

GESTÃO DE COMPORTAMENTO NO CONTEXTO ESCOLAR

A dificuldade de se expressar é uma das principais razões por trás das condutas desafiadoras dos autistas e, falando no contexto escolar, os desafios aumentam significativamente, pois o ambiente é dinâmico e com muitos estímulos. Ao mesmo tempo, é um ambiente riquíssimo para o ensino de habilidades sociais e ganhos na aprendizagem. Neste capítulo, vamos compreender mais sobre o manejo dos comportamentos interferentes. Será que tudo são problemáticas do aluno?

ELAINE MIRANDA

Elaine Miranda

Contatos
Facebook: Elaine Miranda
Instagram: @elainemirandaautismo

Pedagoga, graduanda em Piscologia, pós-graduada em Psicopedagogia Clínica e Institucional, neuropsicopedagoga, trabalha com gestão escolar, educação especial e inclusiva, autismo, deficiência intelectual, análise do comportamento aplicada (ABA), intervenção precoce, treinamento profissional, em processo de certificação QASP e certificação internacional ESDM, coordenadora editorial do livro *Educação inclusiva e a parceria da família uma dimensão terapêutica*, coautora dos livros *Autismo ao longo da vida*, *Essência humana*, *Ampliando olhares*. Idealizadora do grupo de mães de crianças com autismo. Ministra capacitação a profissionais da saúde, da educação, de acompanhantes terapêuticos e treinamento de pais.

A resposta é não. É preciso levar em consideração os aspectos biológicos e médicos que precisam ser avaliados: se não há dor, se há alterações no sono, problemas gastrointestinais, alterações sensoriais, mudanças de rotina, pois tudo influencia o comportamento.

Os comportamentos inadequados, inapropriados ou disruptivos são todos aqueles que, de alguma forma, blindam a aprendizagem da criança e trazem prejuízos para sua vida social. Podemos identificar alguns desses comportamentos: gritar, chorar, bater a cabeça, morder, bater, chutar, jogar objetos, e outros. Todos esses comportamentos afetam a aprendizagem, o convívio social, principalmente na escola que, muitas vezes não sabe como gerenciá-los e, por vezes, fica-se receoso em aumentar o apoio, em fazer demandas, em pedir para o aluno fazer as atividades. Isso acaba moldando o comportamento do próprio professor que, muitas vezes, reduz a frequência de oportunidade de aprendizado, com receio de o aluno engajar-se no ciclo de comportamento inadequado, causando um desperdício do tempo da atividade.

Além disso, ainda existe a dúvida: será que o aluno teve uma crise ou uma birra? Vamos, antes de tudo, diferenciar uma situação da outra: a birra é uma explosão momentânea, muitas vezes decorrente de uma frustração, um incômodo. Já a crise é uma sobrecarga de informações. Tanto na birra como na crise, é importante garantir a integridade do aluno e dos demais à sua volta, cuidando para que não se machuque ou machuque os demais.

Depois de garantida a integridade, vamos para a identificação do problema, identificar os antecedentes, o que aconteceu antes do comportamento e o que pode estar sendo mantido (olhando as consequênciais).

1. **Antecedente:** é o que evoca o comportamento, são situações, ações que acontecem antes do comportamento; atente-se às situações observadas, descreva cada detalhe e considere que você pode ser o antecedente para o comportamento-problema do aluno.
2. **Comportamento:** é o que a pessoa faz (escrever, ler, pintar, jogar-se no chão, chorar, bater etc.).

3. Consequência: o que acontece após o comportamento? O que foi alcançado com esse comportamento? Conseguiu atrasar ou evitar uma demanda, sair do ambiente, ter as pessoas próximas etc.? São as consequências que mantêm os comportamentos ocorrendo e, por isso, muitas intervenções se baseiam em mudar as consequências, na expectativa de que os comportamentos mudem.

a. Acesso a itens ou a obtenção de atenção das pessoas: indivíduos no TEA têm dificuldade na comunicação e, muitas vezes, essa defasagem gera uma série de problemas de comportamentos.

b. Fuga ou esquiva: nessa função, normalmente a pessoa está tentando evitar algo que é aversivo (difícil) pra ela. O bloqueio em expressar suas dificuldades também ocasiona muitos problemas de comportamentos.

c. Autoestimulatórios: os comportamentos-alvo são as buscas por compensações sensoriais.

A verdade é que não existe receita de bolo, sempre será necessária uma avaliação funcional por meio da observação direta da função do comportamento, a identificação do objetivo do aluno ao apresentar tal comportamento. Dessa maneira, estamos buscando as consequências. Para entender o que falta para que o indivíduo consiga agir de maneira funcional, devemos buscar os antecedentes.

Em seguida, veremos algumas dicas de estratégias que podem ser aplicadas depois que se identificar as consequências e os antecedentes dos comportamentos-problema:

- Mesclar as demandas com atividades reforçadoras; identificar os gatilhos que precedem o comportamento problema.
- Acolher e amparar o aluno, desde a estrutura até a equipe envolvida no contexto escolar.
- Tornar a escola um ambiente previsível, com quadros de rotina, por exemplo.

Quando a criança é pequena, esses comportamentos podem parecer inocentes, mas se não forem moldados, quando ela crescer, podem trazer mais prejuízos.

É necessário haver a colaboração para uma inclusão efetiva, ouvir e compreender a história do aluno, da sua família, construir uma parceria baseada no assentimento e no respeito.

Para que práticas baseadas em evidências científicas na educação aconteçam, faz-se necessário o treinamento de profissionais da educação, professores, gestores, merendeira, porteiro, secretária, tia da limpeza, enfim, todos precisam saber, em algum nível, como se comportar em uma situação de problema de comportamento. O aluno é da escola e tudo que está atrelado a esse contexto é de responsabilidade de todos que a frequentam. Nem todos os alunos podem contar com um Acompanhante Terapêutico escolar (AT) ou um mediador escolar, por isso o trabalho acaba ficando diretamente ligado ao professor regente, dificultando uma inclusão efetiva. Incluir significa reconhecer e entender o outro com toda sua potencialidade e com todas as suas dificuldades.

Referências

KERCHES, D. *Autismo ao longo da vida.* São Paulo: Literare Books International, 2022.

MIRANDA, E. *Educação inclusiva e a parceria da família: uma dimensão terapêutica.* São Paulo: Literare Books International, 2021.

ROGERS, S. J.; DAWSON, G.; VISMARA, L. A. *Autismo: compreender e agir em família.* Lisboa: Lidel, p. 213-235, 2015

SELLA, A. C.; RIBEIRO, D. M. *Análise do comportamento aplicada ao transtorno do espectro autista.* Curitiba: Appris Editora e Livraria Eireli-ME, 2018.

SKINNER, B. F. *Ciência e comportamento humano.* São Paulo: Martins Fontes, 1993.

27

UM RELATO PESSOAL SOBRE O PAPEL ÚNICO DA FAMÍLIA NO PROCESSO DE DESENVOLVIMENTO

Nesse capítulo, Daniela Monteiro relata a jornada de uma família atípica em busca da aceitação do diagnóstico, tratamento assertivo, adequações e adaptações na rotina da família e renúncias que favoreceram o núcleo familiar.

DANIELA MONTEIRO

Daniela Monteiro

Contato
Instagram: @danihelerafa

Formada em Administração de Empresas pela Uninove; Pedagogia pela Unicid; especialista em Psicopedagogia e Análise Aplicada do Comportamento; estudante de Terapia Ocupacional pela Unicid. Mais de 200 horas em cursos voltados a integração sensorial nas disfunções de integração sensorial dentro do TEA.

Quando tomamos a decisão de constituirmos uma família envolvendo a geração de filhos, não somos capazes de mensurar a intensidade das mudanças que sofreremos em diversas áreas de nossas vidas. Tais transformações são físicas, psíquicas, emocionais, financeiras, entre outras, que dependerão de como é o nosso olhar frente à vida que nos apresenta uma nova e duradoura experiência. Certamente, também agregaremos em nós princípios e valores que outrora não existiam ou estavam tão intrínsecos que não eram percebidos, nem mesmo por nós.

É inquestionável que a paternidade e a maternidade nos transformam completamente! E, quando a criança nasce atípica, não há quase nada que permaneça igual dentro de nós.

Sentimentos múltiplos brotam em nosso interior, nos levando a caminhos que determinarão o sucesso ou insucesso da nossa nova jornada.

Ter um filho e/ou membro da família dentro do espectro do autismo exigirá dos pais e/ou cuidadores saúde física e mental, tempo, dedicação, esforço, renúncia e, acima de tudo, amor.

Esses adjetivos nem sempre nascem imediatamente, assim que o diagnóstico vem a nós. Sentimentos de vergonha, tristeza profunda, indignação, culpa, medo, revolta, incapacidade, solidão e luto são comuns por um determinado período.

Certamente, mudanças na rotina que não eram previstas e esperadas acontecerão e não há vergonha em assumirmos que não estávamos preparados.

Os pensamentos e julgamentos alheios também permeiam nosso estado psicológico, nos levando a questionamentos severos sobre nossas condutas ao longo da vida, do porquê estamos diante dessa situação.

É necessário que nós, pais e/ou cuidadores, procuremos apoio para que tenhamos condições físicas e psíquicas de cuidarmos desse ser especial que necessita de nosso suporte integral.

A busca por uma rede de apoio que nos auxilie nos cuidados também nos permitirá preservar a qualidade de vida. É possível que outras pessoas capacitadas, e até mesmo bem-intencionadas, nos ajudem nas atividades da vida diária, dividindo a carga e sendo uma outra referência de cuidado e amor para os nossos filhos.

Além de batalharmos por nossa saúde e bem-estar, e também de todos aqueles que estão envolvidos e fazem parte da nova rotina, é imprescindível que esse novo e especial membro da família esteja envolvido em terapias comportamentais que tenham comprovação científica de sua eficácia, para que ele alcance autonomia e/ou independência.

Há onze anos, quando eu e meu esposo nos casamos e, após alguns anos, decidimos juntos que teríamos filhos, não imaginávamos o quanto nossas vidas seriam transformadas.

O nascimento da nossa primeira filha já nos levou a mudanças tão significativas em nossos sentimentos, pensamentos e práticas que aproveitamos o momento de rotina modificada e, após dez meses de existência da nossa pequena Helena, engravidamos do nosso segundo bebê.

O segundo filho parecia ser uma segunda faculdade. Já tínhamos passado por toda a experiencia de gestação, pelo momento do nascimento e pelos primeiros turbulentos meses de cólicas, amamentação, consultas ao pediatra, viroses, resfriados, intestino preso, entre outras aventuras que a maioria dos bebês nos proporciona.

Veio a nós um belo menino, com traços da mãe, porém, com o jeitinho um pouco mais tímido do pai.

Um garotinho lindo que, ao meu olhar, por vezes, parecia um pouco mais lento do que os outros bebês da idade dele. Mas, ao observar e expressar uma leve preocupação, sempre ouvia que o desenvolvimento do menino era mais lento e que eu não precisava me preocupar.

Os meses foram passando e o nosso amado Benjamin se desenvolvia, porém alcançava os marcos de desenvolvimento sempre com atrasos.

Interessava-se bastante por coisas e muito pouco por pessoas!

Minhas observações e preocupações aumentavam a cada mês, porém, nas consultas mensais com o pediatra, nada nos era sinalizado como fora do esperado.

Certa vez, em nosso pequeno apartamento, meu esposo abriu a porta da sala com entusiasmo e logo nossa filha correu em direção a ele para abraçá-lo, chamando o Benjamin para que ele fizesse o mesmo. Benjamin ficou exatamente parado, olhando para a televisão como se estivesse dentro de uma caixa onde nenhum som, expressão, interação ou qualquer acontecimento externo pudesse ser percebido por ele. A partir desse dia, eu entendi que o meu filho era um ser especial! Aquele menininho fofo e bochechudo estava com um ano e dois meses, não atendia pelo nome, não falava nenhuma palavra, não interagia com pessoas e tinha uns comportamentos estranhos e repetitivos que eu não entendia muito bem o que significavam.

Sim, o meu filho morreu! Aquele Benjamin era um novo bebê que a vida tinha acabado de me apresentar! O menino do olhar perdido, sono inconstante, que batia a cabeça no berço nas madrugadas e parecia nunca estar ali, mesmo estando sempre.

O luto veio! Mas, assim como veio, também se foi e deixou em mim e em meu parceiro de vida coragem, resiliência, amizade, companheirismo, fé, esperança e força para viver uma vida de luta!

É preciso coragem para dizer que precisamos de ajuda. Ajuda profissional para nos permitir prosseguir com leveza, aceitação e felicidade!

Quando o casamento permanece firme diante da nova circunstância, é preciso cuidado para que ele se solidifique cada dia mais!

Os irmãos, que também vivenciam as mudanças de rotina, precisam se sentir vistos, especiais e amados!

E para aqueles que ficaram "sós" na nova jornada, a verdade é que sempre encontraremos "amigos mais chegados que irmãos" para caminharem ao nosso lado.

Um dos caminhos que escolhi para ressignificar a minha vida foi buscar conhecimento para compreender melhor o meu filho e ajudá-lo da melhor forma possível a alcançar autonomia, porém confesso que, no início do diagnóstico, não conseguia dar continuidade aos estudos, porque minhas emoções estavam completamente abaladas e, quando eu tentava me aprofundar sobre o assunto, o sentimento de tristeza tomava conta do meu ser.

Por isso, enfatizo aqui a importância da nossa busca por saúde mental, pois, sem ela, não temos condições de proporcionar bem-estar a nós e aos que estão ao nosso redor.

Utilizo a ciência da análise do comportamento aplicada ao autismo para ajudar o Benjamin a adquirir habilidades que ele não tem e a reduzir os problemas comportamentais que ele apresenta. Vou aprendendo com cada terapeuta que passa por nossas vidas, com várias noites de leituras de livros e artigos científicos, com cursos nos quais invisto e ganho, com mães com quem divido momentos de alegrias, dores e dificuldades, com profissionais competentes que amam o que fazem e lutam junto comigo para que o meu Ben alcance o máximo do seu potencial e com o Rafael, a Helena e o João, que são a minha família e exercem um papel único para que todos nós nos desenvolvamos constantemente!